从宋明理学到阳明心学

一部简要的理学思想史

吕思勉／著

新世界出版社

图书在版编目（CIP）数据

从宋明理学到阳明心学 / 吕思勉著. -- 北京：新世界出版社，2017.1
ISBN 978-7-5104-6070-8

Ⅰ.①从… Ⅱ.①吕… Ⅲ.①理学—研究 Ⅳ.①B244.05

中国版本图书馆CIP数据核字（2016）第 302103 号

从宋明理学到阳明心学

作　　者：吕思勉
责任编辑：丁　鼎
责任校对：宣　慧
责任印制：李一鸣　高　金
出版发行：新世界出版社
社　址：北京西城区百万庄大街 24 号（100037）
发行部：（010）6899 5968　　（010）6899 8705（传真）
总编室：（010）6899 5424　　（010）6832 6679（传真）
http://www.nwp.cn
http://www.nwp.com.cn
版权部：+8610 6899 6306
版权部电子信箱：nwpcd@sina.com
印　刷：北京嘉业印刷厂
经　销：新华书店
开　本：880mm × 1230mm　1/32
字　数：170 千字　印张：8.5
版　次：2017 年 1 月第 1 版　2017 年 1 月第 1 次印刷
书　号：ISBN 978-7-5104-6070-8
定　价：36.00 元

序 PREFACE

本书计十五篇，乃民国十五年（1926）予在上海沪江大学讲《中国哲学史》时所手编之讲义也。今略加修改，以成是书。

理学行世几千年，与国人之思想关系甚深；然其书率多零碎乏条理，又质而不文，读者倦焉。虽有学案之作，人犹病其繁重，卒不能得其要领也。是书举理学家重要学说，及其与前此学术思想之关联、后此社会风俗之影响，一一挈其大要，卷帙虽少，纲领略具，读此一编，于理学之为如何学问，可以知其大概矣。理学之源流发于宋，至阳明而大成，故名之曰《从宋明理学到阳明心学》（原书名为《理学纲要》）。

自宋迄今，以理学名家者无虑千人；然其确有见地、不与众同者，不过十余家耳。兹编即以是为主。（其大同小异者即附其人之后，如慈湖附象山后是也。）其无甚特见者，总为一篇，叙其名氏传授，以见斯学之源流派别而已。诸贤事迹，限于篇幅，未及详叙；如欲尚论其世，固有史传及诸家学案在也。

理学与古代哲学及佛学皆有关系，近人类能言之，然所见者似皆非真也。兹故别为一篇论之，虽似旁文，实为斯学来历，了此则理学中重要之说，皆迎刃而解矣，不可不细读也。

数术非中国哲学正宗，然亦自成一派，且与社会思想关系颇深，世多目为索隐行怪，甚或斥为迷信，非也。数术家之所言，虽未必确，以为迷信，则实不然。真知数术家之所言，乃知迷信之流自附于数术者，悉非其实耳。兹总为一篇叙之。邵子虽以数术名，实于哲理发明为多，数术非所重也，故别为篇。

理学特色在于躬行实践，非如寻常所谓哲学者，但厌好奇之心，驰玄远之想而已。诸家之说，各有不同，非好为异也。补偏救弊，立言固各以其时；殊途同归，辙迹原无须强合。又有前人见其浅、后人见其深者，此则思想演进，次第当然；当知其易地皆然，不必存入主出奴之见也。兹编于诸家相承相矫，及其同时分争合一之故，并详析言之，以见学术演进之迹。至于各人受用，则或因其性之所近，或矫其习之所偏，有难范以一律者，非兹编之所能言也。

民国十七年（1928）三月二十三日

武进吕思勉识

目录
CONTENTS

绪论

今之人有恒言曰“宇宙观”，又曰“人生观”，其实二者本系一事。何则？人者宇宙间之一物，明乎宇宙之理，则人之所以自处者，自得其道矣。

哲学非绝人之事也。凡人所为，亦皆有其所以然之故，即哲学之端也。虽然，此特随事应付耳。若深思之，则我之所以处此，与此事之究须措置与否，乃皆有可疑。（如饥而食，特应付事物耳。见在之饮食，是否相宜？食而生，不食而死，孰为真是？凡饮食者，未有能言之者也。一一穷究之，即成哲学矣。）恒人为眼前事物所困，随事应付且不暇，更何暇游心于高远？然一社会中，必有处境宽闲，能游心于远者；又必有因性之所近，遇事辄喜思索者。乃取恒人所不暇深思，及其困于智力、不能深思之端，而一一深思之，而哲学于是乎起矣。

然则哲学非随事应付之谓也。随事应付，恒人本自能之。所有待于哲学者，则穷究宇宙之理，以定目前应付之法耳。（以非穷究到底，则目前应付之法，无从证为真是也。）然则哲学者，穷究宇宙之理，以明立身处世之法者也。故真可称为哲学家者，其宇宙观及人生观，必有以异于恒人；而不然者，则不足称为哲学家。有一种新哲学兴，必能改变旧哲学之宇宙观及人生观；而不然者，则不足称为新哲学。

吾国哲学，有三大变：邃古之世，本有一种幽深玄远之哲学，与神教相混，为后来诸子百家所同本。诸子之学，非不高深；然特将古代之哲学，推衍之于各方面，其宇宙观及人生观，初未有所改变也。西汉、魏、晋诸儒，不过发挥先秦诸子之学，更无论矣。此一时期也。佛教东来，其宇宙观及人生观，实有与吾国异者。吾国人受其感化，而其宇宙观、人生观，亦为之一变。此又一时期也。佛学既敝，理学以兴。虽亦兼采佛学之长，然其大体，固欲恢复吾国古代之哲学，以拯佛学末流之弊。宋学之中，朱、陆不同。有明之学，阳明、甘泉诸家，亦复互异。然此仅其修为之法，小有乖违；以言乎其宇宙观、人生观，则固大致相同也。此又一时期也。此等大概之迁变，今之人类能言之。然其所以然之故，及其同异之真，则能详悉言之者甚鲜。兹编略述宋明哲学，即所谓理学者之真相，及其与他时代之不同，并其所以然之故。千金敝帚，虽或实燕石而不自知；然大辂椎轮，先河后海，郢书燕说，世固有其物不足贵，而其功不必薄者矣。

理学之原

理学者，佛学之反动，而亦兼采佛学之长，以调和中国之旧哲学与佛学者也。一种学术，必有其独至之处，亦必有其流弊。流弊不可无以矫之，独至之处，亦不容埋没。故新兴之学术，必能祛旧学术之流弊，而保其所长；谓为代兴之新学术可，谓为改良之旧学术亦无不可也。凡百学术，新旧递嬗之际皆然。佛学与理学，亦何独不然。

又天下无突然而生之事物，新者之兴，必有所资于旧。天下亦无真刍狗可弃之事物，一种学术，一时为人所厌弃，往往隔若干年而又盛行焉。理学之于中国旧哲学则如是。中国旧有之哲学，盖自神教时代，递演递进，至周、秦之际而极盛。两汉、魏、晋，虽间有新思想，然其大体，固不越古代哲学之范围。佛教兴而中国哲学一时退处于无权，然其中固不乏独至之处。宋学兴，乃即以是为凭借，以与佛学相抗焉。故不知佛学之大要，不可以言宋学；不知中国古代哲学之大要，亦不可以言宋学也。

哲学有其质，亦有其缘。论其质，则世界哲学，无不从同；以人之所疑者同也。论其缘，则各民族所处之境，不能无异；所处之境异，斯其所以释其疑者，亦自异矣。此世界各国之哲学，所以毕同毕异也。明乎此，乃可据见在哲学之条理，以求中国古代之哲学。

哲学之根本云何？曰：宇宙观、人生观是已。人生而莫不求知；求知，则凡可知之物，莫不欲尽明其底蕴。人生而莫不求善；求善，则我之所执以为我者，必求措诸至当之地而始安。夫宇宙者，万物之总括也；明乎宇宙，则于事物无不明。我者，宇宙中之一物也；明乎宇宙之蕴，则我之所以自处者，不蕲得其道，而自无不得其道矣。此宇宙观与人生观，所以二而实一，而各国哲学，莫不始于宇宙论也。

宇果有际乎？宙果有初乎？此非人之所能知也。顾古之人，不知其不可知也。不知其不可知，而其事又卒不可知，古之人果何以释此疑哉？曰：不知彼者视诸此。由近以推远，即小以见大，此人类求知之恒蹊。哲学之初，亦若是则已矣。

物必有其所由来，欲明其物者，必先知其所由来，此不易之理也。芸芸万物，果孰从而知其所由来哉？古之人则本诸身以为推。见夫生物之生，必由牝牡之合也，则以为一切物亦若是而已矣。所谓“物本乎天，人本乎祖”也（《礼记·郊特牲》）。于是阴阳为万有之本之义立焉。是为哲学之第一步。（古代哲学，殆无不自男女构精，推想而出者。易之一 -- 二画，疑即象男女阴。《老子》曰：“大国者下流，天下之交，天下之牝。牝常以静胜，牡以静为下。故大国以下小国，则取小国；小国以下大国，则取大国。故或下以取，或下而取。大国不过欲兼畜人，小国不过欲入事人。夫两者各得所欲，大者宜为下。”尤皆以男女之事为喻也。哲学之初，杂以男女生殖之说，不独中国为然。实由古人所欲推求，首在万物之所由来也。）

顾既求所谓原因，则必得其唯一者。求万物之所由来，而得阴阳二元，非人智之所能甘也，则必进而求之。进而求之，而唯一之境，实非人所能知，则不得不出以假设，以为阴阳之前，实有一为阴阳之所自出者，是为两仪所从生之太极。是为哲学之第二步。

哲学者，所以解释一切现象者也。不能解释一切现象，不足以为哲学。既有哲学，则必对一切现象，力求有以解释之。故哲学以解释事物而兴，亦以解释事物而生变迁。有阴阳二者，足以释天地之相对矣，足以释日月之代明矣；然时则有四，何以释之？于是分阴阳为大少，而有所谓四象。人之前后左右，其方向亦为四，以四象配之足矣。加以身之所处则为五，更加首之所戴则为六，四正加以四隅则为八，八加中央为九，九之周围为十二，又何以说之？于是有以四时分配四方，更加中央为五帝，加昊天上帝为六帝：五帝分主四时化育，而昊天上帝，则无所事事之说出焉。有上帝周行八方，而还息乎中央，所谓大一行九宫之说出焉。九宫之周围为十二，恰与一年十二月之数相当；于是天子之治天下，十二月各有其当行之政，谓其本乎天意也。（五帝六天，说出纬候。谓“东方青帝灵威仰，主春生；南方赤帝亦熛怒，主夏长；西方白帝白招拒，主秋成；北方黑帝汁光纪，主冬藏；中央黄帝含枢纽，则寄王四时”。以四时化育，亦须土也。更加昊天上帝耀魄宝，则为六帝。昊天上帝为最尊之天神，余五帝则分主化育之功者也。大一行九宫，说出《乾凿度》。《郑注》曰：“大一者，北辰神名。下行八卦之宫，每四乃还于中央。中央者，北辰之所居，故谓之九宫。天数大分，以阳出，以阴入。阳起于子，阴起于午。是以大一下行九宫，从坎宫始。自此而从于坤宫。自此而从于震宫。自此而从于巽宫。所行半矣，还息于中央之宫。既又自此而从于乾宫。又自此而从于兑宫。又自此而从于艮宫。又自此而从于离宫。行则周矣，上游息于大一之星，而反紫宫。行起从坎宫始，终于离宫也。”案此所谓大一者，即昊天上帝耀魄宝也。古说天有九野，故地有九州。明堂亦有九室，王者居之，以出政令，盖象昊天上帝也。五官之设，则所以象五方帝也。昊天上帝，无所事事，故古代君德，亦贵无为。无为非无所事事，乃复起之义，其初盖正谓无所事事耳。古代神教，最尊天象，故举四时八方等说，一一以此贯之也。〇天有九野，见《淮南子·天文训》。）凡此者，皆举错杂之现象，一一以哲学释之，且穿贯诸说为一说者也。此为哲学之第三步。

自物质言之，则因天有四时，而万物皆生于土，乃分物质为五行。五行之生，以微著为次，此所以说万物之生成。（《尚书·洪范正义》：“万物成形，以微著为渐。五行先后，亦以微著为次。水最微为一，火渐著为二，木形实为三，金体固为四，土质大为五也。”）又有相生相胜之说，则所以说万物之迭成迭毁者也。（萧吉《五行大义》：“木生火者，木性温暖，伏其中，钻灼而出。火生土者，火热，故能焚木。木焚而成灰，灰即土也。金居石，依山津润而生；联土成山必生石，故生金。金生水者，少阴之气，温润流泽；销金亦为水。水生木者，水润而能生。”《白虎通·五行篇》：“天地之性：众胜寡，故水胜火也；精胜坚，故火胜金；刚胜柔，故金胜木；专胜散，故木胜土；实胜虚，故土胜水也。”案此篇于万物之成毁，无不以五行生胜释之。其说虽不足信，然在当时，实能遍释一切现象，且颇有条理统系也。）

万物之迭成迭毁，自浅者视之，则以为成者自无而出有，毁者自有而之无而已。稍深思之，则知宇宙间物，只有所谓变化，更无所谓有无。质力不灭之理，固不必待科学为证，即据理推测，亦未尝不可得之也。既知宇宙间只有变化，更无有无，则不得不以万物之原质为一。万物之原质，古人名之曰气。“臭腐化为神奇，神奇化为臭腐”，皆此气之变化也。（《庄子·知北游》：“人之生，气之聚也。聚则为生，生则死。臭腐复化为神奇，神奇复化为臭腐，通天下一气耳。”）于是万物之原因，乃不在其何以有，而在其何以变。（此时已知有无之不可知矣。《列子·汤问》：“殷汤问于夏革曰：‘古初有物乎？夏革曰：古初无物，今安得物？后之人将谓今之无物，可乎？’汤曰：‘然则物无先后乎？’夏革曰：'物之终始，初无极已，始或为终，终或为始，恶知其纪？然自物之外，自事之先，朕所不知也。'"言此义最明。）世界质力之变化，非人之所能知也。即其变而名之，则曰动而已矣。于是世界之真原因，乃成为一种动力。《易·大传》曰："易不可见，则乾坤或几乎息。"（《易与《春秋》皆首元。元即动力也。《易》曰："大哉乾元！万物资始，乃统天。"《春秋繁露·重政篇》曰："元犹原也。元者，万物之本，在乎天地之间。"《乾凿度》曰："有太易，有太初，有太始，有太素。太易者，未见气也；太初者，气之始也；太始者，形之始也；太素者，质之始也。气形质具而未相离，谓之混沌。混沌者，言万物相混沌而未相离也。"皆以一种动力，为宇宙之源也。）《老子》曰："有物混成，先天地生。寂兮寥兮，独立而不改，周行而不殆，可以为天下母。"又曰："谷神不死，是谓玄牝；玄牝之门，是谓天地根。绵绵若存，用之不勤。"皆指此而言之也。（谷者，空虚之义。神者，动力之谓。不死，言其不息。玄者，深远之义。牝者，物之所由生。玄牝之门，是谓天地根，言天地由此而生也。绵绵若存言其力之不可见。用之不勤，仍言其不息也。）是为哲学之第四步。

宇宙之间，既无所谓有无，则寻常所谓有无之见破。寻常所谓有无之见破，则所谓无者，其实皆有。其实皆有，而又明见为无，则所谓有无者，非真有无，乃人能认识与不能认识之别耳。同一气也，何以或为人所能认识？或为人所不能认识？以其气有疏密故也。密则为人所能识，疏则非人所能识矣。故曰："精气为物，游魂为变。"（精者，物质凝集紧密之谓。《公羊》庄十年："觕者曰侵，精者曰伐。"《注》："觕，粗也；精，犹密也。"《老子》："窈兮冥兮，其中有精，其精甚真。"真阗同训。《管子·内业》："凡物之精，此则为生，下为河岳，上为列星。"即"精气为物"之说。又曰："流于天地之间，谓之鬼神。"则"游魂为变"之说也。游训游散，见韩康伯《注》。）古人说死生之故，恒以是言之。（人所识谓之明，所不识谓之幽，有幽明而无死生也。后来言此理者，张横渠最明。）

既以宇宙万物，为一气所成，阴阳二元之说，其自此遂废乎？曰：不然。阴阳之说，与一气之说，相成而不相破者也。自其本质言之曰一气，自其鼓荡言之曰阴阳。盖变动之象，为人所能识者，不外乎相迎相距。一迎一距，以理言，固可谓为同体而异用；以象论，夫固见其判然而不同。既已判然不同，即可立阴阳二名以命之矣。职是故，古人即所谓一气者，而判之为轻清重浊二端。"轻清者上为天，重浊者下为地。"（《列子·天瑞篇》）物之轻浮而上升者，皆天类也。其重浊而下降者，皆地类也。（《易·文言》曰："本乎天者亲上，本乎地者亲下，则各从其类也。"）天地之气，初非各不相涉，而且彼此相求。春融和，夏炎暑，则曰"天气下降，地气上腾"。秋肃杀，冬闭塞，则曰"天地不通"。（《礼记·月令》）自男女雌雄牝牡之相求，以至于日月之运行，寒暑之迭代，无不可以是释之。阴阳二元之说，与宇宙原质为一气之说，不惟不相背，且相得益彰、相待而成矣。是为哲学之第五步。

宇宙一切现象，既莫非气之所成；而其所由然，又皆一气之自为鼓荡，而非有物焉以为之主。（《庄子》所谓“吹万不同，使其自己，成其自取，怒者其谁”也。）则其说，已成今所谓泛神论。泛神论者，世界之本体即神。于其浩无边际，而见其伟大焉；于其更无起讫，而见其不息焉；于其变化无方，而仍有其不易之则，而见其不测与有秩序焉。泛神论之所谓神，较之一神论、多神论之所谓神，固觉其确实而可信；亦正因其确实可信，而弥觉其大也。故中国古籍，于神之一字，皆极其叹美。（《易·大传》曰：“神无方而易无体。”又曰：“阴阳不测之谓神。”言弥沦乎宇宙之间者，惟有一神，更不能偏指一物以当之也。故曰：“鬼神之为德，其盛矣乎！视之而不见，听之而不闻，体物而不可遗。”张横渠说鬼神，亦深得古人之旨。）而如“至诚无息”等之所谓至诚，亦皆所以状世界之本体者也。

通宇宙之间，既除一气之外，更无余物，则人亦自为此气之所成，而为宇宙之一体。宇宙之一体，何以成为人？自宇宙言之谓之命，自人言之谓之性。（《大戴礼记·本命篇》）宇宙间一切，各有其不易之则。人为宇宙之一体，自亦有其当循之道，故人贵尽性。抑人既为宇宙之一体，非尽明乎宇宙之理，固无从知自处之方；苟真明乎自处之方，则于宇宙之理，已无不贯矣。故曰：“尽其心者，知其性也；知其性，则知天矣。”（《孟子·尽心》）又曰：“穷理尽性，以至于命。”（《易·说卦传》）我者，宇宙之一体；万物亦宇宙之一体。万物与我，既同为宇宙之一体，则明乎处我之道者，亦必明乎处物之道。故曰：“能尽其性，则能尽人之性；能尽人之性，则能尽物之性；能尽物之性，则可以赞天地之化育；可以赞天地之化育，则可以与天地参。”（《中庸》。《荀子·天论》：“天有其时，地有其财，人有其治，夫是之谓能参。”亦此义。所谓治，乃尽性后之办法也。）此所谓天人合一。至此，则人与自然，冥合无间，而推论之能事极，而力行之意蕴，亦尽于此矣。此为哲学之第六步。

中国古代之道德伦理，无一不本于法自然者。以全宇宙皆一气所成也，故我与天地万物，可以为一体。（惠施之说，见《庄子·天下篇》。一体，即融合无间之谓；与上文所用一体字异义。上文所用一体，乃《孟子》“子夏、子游、子张，皆有圣人之一体”之一体也。）以全宇宙之动荡不已也，故有自强不息之义。夫合全宇宙而为一动，则虽谓其动即其静可也，故动静交相资。以其变化不居，而仍有其一定之则也，故有变易、不易、易简三义，乃尽《易》之蕴。（《周易正义·八论》引《乾凿度》曰：“《易》一名而含三义：所谓易也、变易也、不易也。易者其德也：光明四通，简易立节，天以烂明，日月星辰，布设张列，通精无门，藏神无穴，不烦不扰，澹泊不失。变易者其气也：天地不变，不能通义。

易者其位也：天在上，地在下。”郑玄依此作《易赞》及《易论》曰：“《易》一名而含三义：易简，一也；变易，二也；不易，三也。”案此《易》之大义也。自然现象从差别中见其平等，亦从平等中见其差别。从平等中见其差别，则所谓易也；从差别中见其平等，则所谓不易也。所谓易简者，谓极错杂之现象，统驭于极简单之原理；莫之为而为，莫之致而至：亘古如斯，从不差忒也。）以时时变动不居也，故贱执一而贵中庸。（以几何学之理譬之，世界犹体，至当不易之道为点。至当不易之道，必有一点，而亦仅有一点，此即《中庸》之所谓中庸也。使世界静止，则此点恒常，择而执之，初非难事。惟世界变易无一息之停，故此点所在，亦无一息而不变动。择而执之，斯为难矣。孔子所以叹“中庸不可能”也。）以万物之动，各有其轨道而不相乱也，故各当其位，为治之至。（《易》之道，莫贵乎当位。《礼运》曰：“物大积焉而不蕴，并行而不缪，细行而不失，深而通，茂而有间，连而不相及也，动而不相害也，此顺之至也。”即所谓各当其位也。大学之道，极于平天下。平天下之义，《荀子·荣辱篇》说之，曰：“农以力尽田，贾以察尽财，工以巧尽械器，士大夫以上，至于公侯，莫不以仁厚知能尽官职。夫是之谓至平。”亦不过各当其位而已。法家之明分职，义亦如此。）以自古迄今，一线相承也，故有正本、慎始、谨小、慎微之义；而“正其义不谋其利，明其道不计其功”，言道德者最重动机焉。以世界本为一体，彼之于此，无一息不相干也，故成己可以成物，正人必先正己；而反求诸己，则一心又为一身之本焉。（宋儒治心之学，古人有先发之者。《庄子·天道篇》曰："万物无足以挠其心者，故静。心静，天地之鉴也，万物之镜也。夫虚静恬淡、寂寞无为者，天地之平，而道德之至，故帝王圣人休焉。休则虚，虚则实，实者伦矣。虚则静，静则动，动则得矣。"《荀子·天论》曰："形具而神生，好恶喜怒哀乐臧焉，夫是之谓天性。耳目鼻口形能，各有接而不相能也，夫是之谓天官。心居中虚，以治五官，夫是之谓天君。"《解蔽》曰："治之要，在于知道。人何以知道？曰心。心何以知道？曰虚一而静。"皆与宋儒所言，无以异也。）以天尊地卑，各有定位，故有君贵臣贱、重男轻女之义。以孤阳不生，独阴不长，故虽重男抑女，而阴阳仍有平等之义焉。以春夏秋冬，周而复始，认一切现象，皆为循环，故有祸福倚伏、持盈保泰之义，又有"天不变，道亦不变"之说焉。抑且万事万物，皆出阴阳二元，故有彼必有此，既贵仁又贵义，既重体亦重乐，一切承认异己者之并立，而不趋极端焉。此等要义，悉数难终。盖国人今日之思想，溯其源，无不与古代哲学相贯通者。哲学思想之初起，虽由一二哲人；而其昌大，则扩为全社会之思想。（亦可云，此种思想，在此环境中，最为适宜，故全社会人胥具之；而哲人，则其研究之尤透彻者也。）虽屡与异族接触，而其根底曾未摇动。甚矣，国性之入人深也。

以上所述，为古代普通思想。又有所谓数术家者，则其思想，颇近于唯物派。案《汉志·诸子略》之阴阳家，出于羲、和之官。数术六家，亦云出于明堂羲、和史卜之职。二者盖同出一源，而一陈其事，一言其义也。数术六家，天文、历谱、五行、蓍龟、杂占，皆近迷信。（天文、历谱，本无所谓迷信；然古人于此，恒杂以占验之术。《汉志》谓“天文者，序二十八宿，步五星日月，以纪吉凶之象”；历谱以“探知五星日月之会，凶厄之患，吉隆之喜”是也。天文家有《图书秘记》十七篇，盖即谶之所本也。）惟形法一家，《汉志》述其学曰：“大举九州之执，以立城郭、室舍。形人及六畜骨法之度数，器物之形容，以求其声气、贵贱、吉凶。犹律有长短，而各征其声，非有鬼神，数自然也。”其思想最于惟物派为近。（此等思想，后世亦非无之，特不盛耳。如王仲任即其一也，细读《论衡》自见。中国各种迷信之术，惟相法较为通人所信。《荀子》已有《非相篇》。其后《论衡》《潜夫论》《申鉴》，于相学皆不全然排斥。亦以相法根据人之形体，究有所依据也。此亦据骨法之度数，以求贵贱吉凶之理。）形法家之所谓数者，盖物质自然必至之符。形法家以为万物之变化，皆可求诸此；而不认有官体所不能感觉之原因。故曰：“非有鬼神”。（古人以万有之原质为气，而气又分轻清、重浊二者。轻清者上为天，重浊者下为地。人则兼备此二气，所谓“冲和气者为人”也。物亦然，所谓“万物负阴而抱阳，冲气以为和”也。人之死也，轻清之气归于天，重浊之气归于地。所谓“体魄则降，和气在上”；

所谓“骨肉归复于土，魂气则无不之”；所谓“骨肉毙于下，阴为野土，其气发扬于上为昭明，群蒿凄怆”也。此为普通思想。形法家之所持，为无鬼论。）《汉志》则不以其说为然，故驳之曰：“形与气相首尾。亦有有其形而无其气，有其气而无其形者。”《汉志》之所谓形，盖即《易·大传》“精气为物”之物；其所谓气，盖即“游魂为变”之魂，而亦即形法家所谓“鬼神”。《汉志》盖亦如普通之见，以万物之原质（气），时而有形可见，时而无形可见。（精气变为游魂，游魂复为精气，所谓“相首尾”也。）故于形法家之说，加以诘难也。形法家之思想，而实如此，在诸学派中，实最与今所谓科学者相近；而顾与天文、历谱、五行、蓍龟、杂占等迷信之术，同列一略，其故何哉？岂校雠者之无识与？非也。天文、历谱、五行、蓍龟、杂占，并非必迷信之术。非必迷信之术，而其后卒入于迷信者，盖时势为之也。何也？夫“理事不违”，欲明一理者，不得不遍究万事，其说然矣。然事物之纷纭，卒非人所能尽究。于是不得不即已经研究之事，姑定为一理，而执之以推其余。（宇宙之广大悠久，实非人之所能知。乃有欲即其已知，以推其未知者。《史记》述邹衍之学谓其“先验小物，推而大之，至于无垠。先序以今以上至黄帝，学者所共术。大并世盛衰，因载其机祥制度，推而远之，至天地未生，窈冥不可考而原也。先列中国名山大川，通谷禽兽，水土所殖，物类所珍。因而推之，及海外人之所不能睹。”所用者即此术也。《太玄》为扬雄最得意之作。其书起冬，迄大雪之末，备详一年之变迁。亦以宇宙久大，不可得而知，以为宇宙一期之变迁，必与一年之变迁相类，乃欲据此以测彼耳。邵子之元会运世，亦此思想也。）此盖凡研究学术者所不能免，其法亦不得为误。其所以致误者，则以其所据之事，有确有不确；其所推得之理，遂有正有不正耳。数术六家，盖皆欲即天然之现象，以研究其理者。其所根据之现象，有全然不确者，如蓍龟及杂占是也。有所根据之现象虽确，而其研究所得则不确者，如天文、历谱、五行、形法诸家是也。接于人之现象，大概可分为自然现象、社会现象二者。欲求宇宙之真理，二者固不可遗其一。中国学问，向来偏于社会现象，而缺于自然现象；其有据自然现象以研究哲理者，则古代之数术家，其先河也。后世之数术家，其思想亦不外此。（学问不能前无所承。中国研究自然现象者，惟有数术家。故少数喜研究自然现象之人，不期而入于此派。）

以上论中国古代之哲学竟，以下请略论佛教之哲学。

哲学有其质，亦有其缘。以质言，则世界各国，无不从同；以缘言，则各民族因处境之不同，其所从言之者，遂不能无异。前已言之。中国哲学与印度哲学之异同，其理亦不外此。

哲学之演进，有其一定之步骤焉。其始也，必将宇宙全体，分析为若干事物（浑沦之宇宙，为人所不能认识。人能知二，不能知一。故认识即是分别），而于其间立一因果关系，以此事为彼事之原因，此物为彼物之原因。如基督教谓天主造物，七日而成；中国古说谓天神申出万物，地祇提出万物是也。(《说文》。佛教不言时间之长，空间之际。有间及者，斥为戏论。见《金七十论》。佛经推原事物，但曰“无始以来”“法尔而有”而已。）稍进，乃知恒人所谓有无者，实为隐显而非有无。即人能认识与否，而非外物真有所谓有无。乃知一切事物，有则俱有，无则俱无；彼不因此，此亦不出于彼。万有之原因，只可即谓之万有而已。（所谓一切摄一切也。）此则泛神之论所由兴也。夫将宇宙分析，而以此事为彼事之原因，此物为彼物之原因，其说实属不确。迷信此等说者，其所严恭寅畏，不过如世俗之所谓鬼神，如有物焉，临之在上、质之在旁而已。惟寻常人然后信之，少有思虑者，即唾弃不屑道已。至于泛神之论，则其理确不可易，而宇宙自然之律，其力之大莫与京，亦于是乎见之。此则明于哲学之士，所以恒主随顺自然，利用自然，而不主与自然相抗也。中国之哲学，盖循此途辙而演进。印度亦然。其在古代，所谓《优婆尼沙土》者，即以代表宇宙之梵，为最尊之神。（印度最古之经典曰《吠陀》，婆罗门专司之，是为婆罗摩奴之学。其书曰《阿兰若迦》。译言《林中书》，以婆罗门之年老者，恒居林中也。即《林中书》而精撰之，曰《优婆尼沙士》，译言《奥义书》。《奥义书》以梵为宇宙之本体，亦即为我，唯一而无差别。有差别者曰摩耶。摩耶为幻。人能知我与梵一，即得智明。其所以流转生死者，由为无明所迷，不知差别之为幻也。此已启佛教唯识之先路矣。）佛教初兴，所尊崇者，虽为释迦牟尼其人，及其进为大乘，则所尊崇者，实为法而非佛。人能如法修行，即可成佛（释尊即以法为师而自悟者）；见佛固无异见法，见法亦无异见佛；佛之所以威力无边者，实以其法身而非以其报身。（报身，谓佛其人。法身，即自然之寓言。佛说一念皈依，则诸佛菩萨同时护念，使之去祸得福；犹言人能为善，则自然律中，必有善报，丝毫不得差忒也。其一心信佛，有所观见者，是为佛之应身。谓应于人之念虑而有。以今之学理言之，可谓应于人之心理作用而有，亦即人之心理作用所显现也。是为佛之三身。其说与科学，绝不相背）；然则佛者，法之寓言耳。所谓法者，即宇宙定律之谓也。然则大乘教之所谓佛，即宇宙定律也。故佛教虽似一神教、有神教，而实则泛神论、无神论也。随顺自然之理，佛教中发挥尤切至。佛教贵无为而贱有为。所谓无为，即随顺自然；所谓有为，即与自然相抗之谓也。世间万事，一切无常，是即中国人所谓无一息不变之宇宙定律。知其无常而随顺之，是为圣人；强欲使之有常，则凡夫矣。圣凡之分，即在于此。然则佛非异人，所谓佛土，亦非异地。能明乎宇宙定律而遵守之，则娑婆世界，即是净土；凡夫之身，亦即圣人耳。（此地狱之所以顿超也。）此其随顺自然之义，实与《易》《老》无二致也。此印度哲学与中国同者也。

其与中国异者，则因其处境之不同。盖人之知识，虽曰借智而得；而智之所指，必有其方；所以定此向方者，则情感也。情之所向，实因其处境而异。中国地居温带，为文明所自起之黄河流域，在世界文明发源地中，又颇近于寒瘠，其民非力作则无以自存。故其所殚心者，在如何合群力作，以维其生，以求养生送死之无憾而已。印度则地处热带，民生较裕。其所殚心者，不在保其身之生存，而在免其心之烦恼。简言之：中国人所蕲得者身之存（至多兼安乐言之），印度人所求免者心之苦也。职是故，中国人观于宇宙而得其变，印度人观于宇宙而得其空。

何谓中国人观于宇宙而得其变，印度人观于宇宙而得其空也？夫宇宙一浑沦之体耳。自其全体而言之，可以谓之至实。若如恒人之见，析宇宙为若干事物，就人所能认识者，则谓之有；所不能认识者，则谓之无。则其所谓有者，亦可谓之至空。（如实则实，分析则空。空者所谓真空，实者所谓妙有也。）何则？苟为实有，应不待因缘而成。然世间一切事物，无不待因缘成者；事物所待之因缘，亦无不待因缘成者。则万事万物，悉非实有可知。我者，事物之一也。一切事物，皆非实有，我安得独有？我且无有，安得与我相对之物？我、物俱无，更安有于苦乐？此盖印度人欲求免心之烦恼，乃即世间所谓苦者，而一一穷究其所自来，穷究至极，遂发现此理也。此说也，以理言之，诚亦无以为难。然理论只是理论，终不能改变事实。吾侪所谓我与物者，就当下之感觉言之，固明明可谓之有，有我有物，斯有逆顺；有逆顺，斯有苦乐矣。此盖人人之良知。佛虽有师子吼之辩，其如此良知何？为佛教者，乃从真空而得妙有，而断之曰“万法惟识”。盖恒人以物为实，以法为空。自哲学家言之，则物为空而法为实。更进一步，则法物两空，惟识是实。何也？夫恒人之所谓实者，岂非目可见、身可触之物邪？其所谓空者，岂非目不可见，手不可捉之宇宙律邪？曰：然。曰：金石者，至坚之物也。至坚者，不渝之谓也。岂不然邪？曰：然。然自矿物学家、地质学家言之，金石亦何尝不变？彼金石者，固自有其所以成，亦终不能免于毁。其成也，盖循宇宙之定律而成；及其既成，则循宇宙之定律而住。方其住时，已循宇宙之定律而坏；既坏之后，乃成恒人之所谓空，盖一切与他物同。金石且然，岂况生物？然则恒人之所谓实者，实则无一是实；所可称为实者，则此一切事物，循之而成，循之而住，循之而坏，循之而空之宇宙律耳。（实物无一息不变，定律则无时或息。）此佛教中“我空法有”之说，亦即普通哲学家之见也。更进一步，则离宇宙论而入于认识论矣。夫世界万事，一切皆空，惟法是实，是则然矣。然所谓法者，果实有之物邪？抑亦吾人之认识所造邪？今日见为赤者，明日必不能变而为黄；一人以为甘者，众人必不至皆以为苦：似所谓法者，至可信也。然有目疾者，则视一切赤物皆若黄；有胃病者，则尝一切甘物皆若苦，又何以说之？此则恒人所谓物之真相，实非物之真相，而为认识所成，彰彰矣。人之论事，恒以同自证，以多自信。恶知其所谓同、所以多者，悉由人人所造业力相同，故其所见亦同邪。此唯识一宗，所以谓万物悉非实有，悉由人类业力所成，亦由人类业力，持使不坏也。（世界真相，实非人之所知。人之所知，只是感官所得之相。此理，今之哲学家，人人能言之。然则吾曹所知，必有吾曹主观之成分，更无疑矣。设使人类感官，增其一，或阙其一，即其所知，当不复如是。动物有以嗅辨别一切者，有以触辨别一切者，人不能也。然则彼所知之世界，人不知也。人之脑筋，特异于他动物。叔本华曰："惟人能笑，亦惟人能哭。"然则人所知之世界，他动物亦不知也。此特以大概言之。若一一细别，则吾之所知者，人不能知；人之所知者，我亦不知。人人自谓所知与人相同，实则无一真同者也。然则一切皆心造无疑矣。佛说创造此等者为第八识。八识能总持万法而不变坏。法者，人所由以认识世界，康德所谓"先天范畴"也。七识以八识所造之境为缘，恒审思量，执为实有；而所谓我，所谓世界，于是乎成矣。）此其说，实与今之认识论相通。其所异者，则今之认识论，但证明世界真相不可知，一切皆出人之认识而止；而佛教则于此义既明之后，又必有其蕲向之的、修持之法耳。此则以佛教究为教而非徒学故也。

所谓世界，苦邪乐邪？自乐观者言之，则曰乐，以世界本善也。今之所以不善者，乃其未至于善，而非其终不能善。抑且以进化之理言之，世界终当止于至善也。（亚里士多德之说即如此。此西人进化之说所由来也。）自悲观者言之，则世界之为世界，不过如此。今日固不可为善，将来亦未必能善。以其质本恶也。然则欲求去苦得乐，惟有消灭世界耳。此佛教之终极，所以在于涅槃也。夫世界何自始邪？自恒人言之，则曰：盘古一身，化为万有；曰：上帝创造，七日而成耳。自不讲认识论之哲学家言之，则曰不可知耳。自持唯识论者言，则人有识之始，即世界成立之时；世界者，识之所造也。世界既为识所造，欲消灭世界，惟有灭识耳。故佛教假名识所由起曰“无明”。而曰：“无明生行，行生识，识生名色，名色生六人，人生触，触生受，受生爱，爱生取，取生有，有生生，生生生老病死苦。”所谓“十二缘生”，亦即所谓“苦集二谛”也。断此二谛，时曰“灭谛”。灭也者，灭此识也。灭识非自杀之谓，自杀只能杀其身，不能断其识也。断其识者，所谓“转识成智”也。识所以可转为智者，以佛教假名一切罪业之本为无明，本来清净之体曰“真如”；“真如无明，同体不离”（佛家喻之以水与波。在今日，则有一更切而易明之譬，生理、病理是也。病时生理，异乎平时，然非别有一身；去病还健，亦非别易一身也）；“无明可熏真如而为迷，真如亦可还熏无明而成智也。”佛之所谓寂灭者，虽曰转识成智，非谓使识消灭。然所谓世界，既系依识而立，识转为智，即是识灭；识灭，即世界消灭矣。故佛教之究竟，终不离于涅槃也。

夫如是，则佛教与中国哲学之同异，可知已矣。佛家既谓一切迷误皆起于识，则借智以探求真理，自然无有是处。佛家所谓智，不徒不能借智以求，且必断识而后能得，所谓“惟证相应”也。夫如是，则其修持之法，必致漠视事物，而徒致力于一心；而其所谓致力于一心者，又非求以此心，驾驭事物，而在断灭此心之识。此为佛教进步必至之符。（一种学问，不能无所注重。有所注重，即有所偏矣。治理学者，曷尝谓当摒弃事物，专谈心性？然物莫能两大，既以心性为重，终必至于遗弃事物，此势所必至，无可如何者也。佛家六度、万行，曷尝偏于寂灭？然既以心识为主，终亦必偏于治内。亦犹理学未尝教人以空疏，而卒不免于空疏也。）诸宗之所以皆衰，禅宗之所以独盛，盖由于此。又中国人之所求，为处置事物。处置事物，至当不易之道，惟有一点，是为儒家所谓中庸。仁义皆善，过即为恶。（理学家所谓“无善恶，只有过不及；中即善，过不及即恶”也。）佛教既以去苦为的，较之中国，自不能不偏于仁。其所谓“菩萨行”者，即纯然一有人无我之境界。（读《华严经》，最可见之。佛说四圣：曰“佛”，曰“菩萨”，曰“缘觉”，曰“声闻”。缘觉、声闻，因怖畏生死而修道，犹有我之见存，故大乘斥其不足成佛。菩萨则全与恒人相反。恒人念念不离乎我，菩萨念念有人无我。基督所行，方佛斯义。犹有人我之见存，与恒人处于对待之地位，未为尽善也。佛则超乎对待之境之外矣。佛教以超出世界为宗旨，故必至佛而后为究竟。然佛无可学，恒人所能学者，止于菩萨。行菩萨行，所以薪成佛也。）故可委身以饲饿虎，又可任人节节支解，不生嗔怒。由中国之道言之，则过于仁而适成为不仁矣。

佛教修持之宗旨，可摄以一语曰：“悲智双修。”所谓悲者，本于佛教之悲观。其视世界，彻始彻终，皆为罪恶，无可改良之理。欲求善美，惟有举此世界而消灭之耳。故其视世界之内，无一人一物而非流转苦海，无一人一物而不可悲可悯也。所谓智者，则为救此世界之法所自出。必深观此世界之究竟，乃能知其致苦之由，乃知所以救之之道。救之之道既得，则一切善巧方便，皆自此出焉。其修持之法，亦可摄以一语，曰：“止观双修。”止非寂然不动之谓，而常在正念之谓（若以寂然不动为正念，则亦可，所谓“正念者无念”也），所谓“十二时中，常念于法，不相舍离”也。盖天下之祸，成于著而实起于微。一九一四年欧洲之大战，其祸可畏博矣。推厥由来，则曰：由各民族有互相疾恶之心也；由资本家皆思朘人以自肥也。各民族何以有互相疾恶之心？各资本家何故皆思朘人以自肥？其所由来者远矣。不能拔其本、塞其源，而徒欲去其相疾恶之心，与其朘人自肥之念，无益也。然此等原因，极为深远，推得一层，又有一层在其后，则将奈何？曰：原因虽极繁复，而其性质则极简单，一言蔽之，曰“不正之念”而已。一人起不正之念，则必传递激动第二人；第二人又激动第三人。如水起微波，渐扩渐大。其极，遂至于怀山襄陵，浩浩滔天。然分析之，原不过一一微波之相激。苟能使千万微波，同时静止，水患固可以立除；即能于千万微波中，静止其一二，其静止之力，亦必足以杀汹涌之势，犹其汹涌之势，足以破静止之局也。要之，止波其本矣，此止之义也。观则所以求智。世界上事，恒人但观其表面，故其论皆似是而非。佛则必须观鉴到底。故世俗所谓大善，自佛观之，悉成罪业。且如爱国、爱世界，岂非世俗以为大善者哉？然爱其国，则必不爱异国，而两国相争，伏尸流血之祸，伏于此矣。贪恋执着，祸之所由起也。爱世界而不知其方，使贪恋执著之情，波及于人人而不可拔，亦为世界造祸也。故恒人之所谓善，佛譬之“以少水沃冰山，暂得融解，还增其厚”。然则人固当常念于法，而何者为法，非观鉴极深，亦何由知之哉？此止观二者，所以如车两轮，如鸟双翼，不可偏废也。

佛教立说之法，亦有与中国人异者，曰“彻底”。中国人重实务。先圣先贤之说，大抵就事论事之言。诚不敢谓先圣先贤，不知究极之理，然其所传之说，则固以就事论事者为多矣。佛家则不然。每立一说，必审其所“安立”之处。曰“某说在某种标之下言之，若易一标准，则不如是矣”；曰“某法不过一种方便，若语其究竟，则不如此矣”。此等处，中国多不之及，佛家则极为谨严。故其说路路可通，面面无病。称佛说者，所由以圆字美之也。此实印度人言语之法，与中国不同也。

以上所述，中国古代之哲学，乃理学家之所取材也；佛教之哲学，则或为其所反对，或为其所摄取者也。明乎此，而理学可以进论矣。

理学源流派别

自宋以来，以理学名家者甚多，一一讲之，势将不可胜讲。诸家有自有发明者，亦有仅守前人成说者。今先略述其源流派别，以下乃就其确有特见者，以次讲之。

宋学先河，当推安定（胡瑗，字翼之，泰州如皋人。世居安定，学者称安定先生）、泰山（孙复，字明复，晋州阳平人。退居泰山，学者称泰山先生）、徂徕（石介，字守道，奉符人。居徂徕山下，鲁人称为徂徕先生）。黄东发谓“本朝理学，虽至伊洛而精，实自三先生始”是也。安定于教育最有功。其在湖学，分经义、治事为两斋，为宋人之学纯于儒之始，亦宋儒喜言经世之学之始。泰山作《春秋尊王发微》，为宋学重纲纪、严名分之始。徂徕作《怪说》《中国论》，以讥斥佛老、时文，则宋学排二氏、黜华采之始也。三先生者，虽未及心性之精微，然其为宋学之先河，则卓然不可诬矣。

三先生同时，名儒甚多。其兼为名臣者，则有若范文正（范仲淹，字希文，苏州吴县人。文正之学，源出戚同文。同文，字同文，楚丘人。文正四子：长纯祐，字天成；次纯仁，字尧夫；次纯礼，字彝叟；次纯粹，字德孺。尧夫学最著。安定、泰山、徂徕，皆客文正门，尧夫皆从之游。又从南城李觏。觏，字泰伯，学者称盱江先生。〇横渠少时喜言兵，尝欲结客取洮西。谒文正，文正曰："名教中自有乐地，何事于兵？"授以《中庸》。乃幡然志于道。故横渠之学，实文正启之也）、韩忠献（韩琦，字稚圭，安阳人）、欧阳文忠（欧阳修，字永叔，吉州庐陵人）、富文忠（富弼，字彦国，河南人）、司马文正（司马光，字君实，陕州夏县人），而司马氏最著。传其学者，刘忠定（刘安世，字器之，大名人。忠定学最笃实。尝问涑水："有一言而可终身行之者乎？"曰："其诚乎？"问其目。曰："自不妄语始。"学之七年而后成）、范正献（范祖禹，字淳夫，一字梦得，华阳人。文正子康，字公休，又从正献学）、晁景迂（晁说之，字以道，澶州人。传涑水之数学）也。其穷而在下，或虽仕官而不以勋业著者，则有齐鲁之士、刘（士建中，字希道，郓州人。与泰山同时，泰山最推重之，徂徕亦服膺焉。刘颜，字子望，彭城人），闽中之四先生（陈襄，字述古，学者称古灵先生。陈烈，字季慈，学者称季甫先生。郑穆，字闳中。周希孟，字公辟。四先生皆侯官人。少后于安定，而在周、程、张、邵之前。讲学海上，有四先生之目。宋人溯道学渊源不之及。全谢山修《宋元学案》，为立《古灵四先生学案》），明州之杨、杜（杨适，字安道，慈溪人。杜淳，居慈溪），永嘉之儒志、经行（王开祖，字景山，学者称儒志先生。丁昌期，学者称经行先生。皆永嘉人），杭之吴师仁（字坦求，钱塘人），皆与湖学桴鼓相应。而闽中之章、黄（章望之，字表民，浦城人。黄晞，字景微，建安人），亦古灵一辈人。关中之申、侯（侯可，字无可，其先太原人，徙华阴。主华学二十年。为学极重礼乐。申颜，侯氏之友），开横渠之先路。蜀之宇文止止（宇文之邵，字公南，绵竹人）则范正献之前茅也。

宋学之确然自成为一种学问，实由周、程、张、邵（邵雍，字尧夫，范阳人。曾祖家衡漳；先生幼从父迁河南。元祐赐谥康节）。康节之学偏于数，理学家不认为正宗。横渠之学纯矣，然小程谓其"苦心极力之象多，宽裕温和之气少"，后人尊之，亦遂不如濂溪之甚。（张载，字子厚，凤翔郿县横渠镇人）。濂溪作《太极图说》及《通书》，实为宋儒言哲学之首出者。（周敦颐，字茂叔，道州营道人。知南康军，家庐山莲花峰下，有溪合于湓江，取营道故居濂溪名之。）二程少尝受业于濂溪，长而所学实由自得。然周子以主静立人极，明道易之以主敬，伊川又益之以致知，其学识一脉相承；朱子又谓二程之学，出自濂溪，后人遂尊为理学之正宗焉（程颢，字伯淳，洛阳人。学者称明道先生。弟颐，字正叔，初称广平先生。后居伊阳，更称伊川先生）。

与五子同时者，有范蜀公（范镇，字景仁，华阳人。祖禹其从孙也。蜀公犹子百禄，及从曾孙冲，亦皆理学家）、吕申公（吕公著，字晦叔，东莱人。谥正献）、韩持国（韩维，谥持国，颍昌人）；又有吕汲公（吕大防，字微仲，其先汲郡人，祖葬蓝田，因家焉。谥正愍）、王彦霖（王严炎，字彦霖，大名清平人）；又有丰相之（丰稷，字相之，鄞县人）、李君行（李潜。字君行，虔州兴国人），虽不足与于道统，亦五子之后先疏附也。

术数之学，在中国本不盛，故传邵子之学者颇少。伯温（伯温，字子文。南渡后，赵鼎从之学。鼎字元镇，闻喜人）虽号传家学，实浅薄不足观也。张子为豪杰之士，其学又尚实行，故门下多慷慨善言兵。（种师道，字彝叔，洛阳人，为北宋名将。范育，子巽之，邠州三水人。游师雄，字景叔，武功人。皆兴于平洮河之役，争元祐弃熙河。李复，字履中，长安人，喜言兵。张舜民，字芸叟，邠州人，亦慷慨喜言事。）而三吕（吕大忠，字晋伯，大防兄；大钧，字和叔；大临，字与叔，皆大防弟）尤为礼学大宗。（三吕皆并游张、程之门，然于张较厚。和叔知则行之，无所疑畏，论者方之季路。尝撰《乡约》。又好讲井田、兵制，撰成图籍，皆可施行。丧祭一本古礼。推之冠、昏、饮酒、相见、庆吊，皆不混习俗。横渠谓“秦俗之变，和叔有力焉”。小程子尝谓与叔守横渠说甚固，横渠无说处皆相从，有说处便不肯回。可见三吕皆笃于张氏矣。）二程之门，最著称者为游（游酢，字定夫，建州建阳人。学者称廌山先生）、杨（杨时，字中立，南剑将乐人）、尹（尹焞，字彦明，一字德充，洛阳人。学者称和靖先生）、谢（谢良佐，字显道，寿春上蔡人）。游氏书不传，弟子亦不著。谢氏之门，最著者为朱汉上（朱震，字子发，荆门军人）。然汉上《易》学，实由自得，不出师门也。尹氏最后起，守师说亦最醇（谢氏以觉言仁，实启象山之学。游、杨二家，晚亦好佛），其传亦不广。惟龟山最老寿，遂为洛学大宗。

龟山之学，传之罗豫章（罗从彦，字仲素，南剑人。学者称豫章先生）。延平（李侗，字愿中，南剑人）、韦斋（朱松，字乔年，婺源人。朱子之父。为尤溪县尉，因家焉。学者称韦斋先生），皆师豫章。而胡文定（胡安国，字康侯，崇安人）与游、杨、谢三先生，义兼师友。其子五峰（宏，字仁仲。其兄宁，字和仲，学者称茅堂先生。茅堂治《春秋》。文定作《春秋传》，修纂检讨，皆出其手）、致堂（寅，字明仲。实文定兄子。其母不欲举，文定夫人子之），皆学于豫章。籍溪（宪，字原仲，文定从父兄子。居籍溪，学者称籍溪先生）、邦衡（胡铨，字邦衡，庐陵人。从乡先生萧子荆学《春秋》，卒业于文定），则学于文定。朱子初师屏山（刘子翚，字彦冲，崇安人。韐子，子羽弟也）、籍溪、白水（刘勉之，字致中，崇安人。以女妻朱子。〇白水师元城及龟山），而卒业于延平（朱熹，字元晦，一字仲晦，初居崇安五夫，筑书院于武夷之五曲，榜曰紫阳，识乡关也。后筑室建阳芦峰之巅，曰云谷。其草堂曰晦庵。自号云谷老人，亦曰晦庵，曰晦翁。晚更居考亭。筑精舍曰沧洲，号沧洲病叟。赵汝愚窜永州，将谏。门人谏。筮之遇“遯”之“同人”，乃取稿焚之。自号曰遯翁）。南轩（张拭，字敬夫，一字乐齐，号南轩，广汉人。迁于衡阳。浚子）之学，出于五峰。吕成公亦尝师籍溪。又事汪玉山。（吕祖谦，字伯恭，公著后也。祖好问，始居婺州。北宋理学，吕氏最盛，韩氏次之，详见《宋元学案》。〇汪应辰，字圣锡，信州玉山人。）玉山者，横浦（张九成，字子韶，钱塘人。自号横浦居士。又号无垢居士）弟子；横浦亦龟山弟子。故南渡后三先生之学，实皆出于龟山者也。

乾淳三先生，吕、张皆早世，惟朱子年最高，讲学亦最久，故其流传最远。南轩之学，盛于湖湘，流衍于蜀，阅数传而渐微。吕氏同气，子约（成公弟，名祖俭。学于成公，谥忠）、泰然（成公从弟，名祖泰。居宜兴。赵汝愚之罢，子约论救，安置韶州。后移筠州，卒。泰然诣登闻鼓院上书，请诛侂胄。配钦州，卒），皆以忠节著。浙学好言文献，皆可谓吕氏之遗风。然如永嘉、永康，偏于功利，殊失吕氏之旨。（永嘉之学，始于薛季宣。季宣，字士龙，永嘉人。师事袁道洁。道洁师事二程，季宣加以典章制度，欲见之事功。陈傅良、叶适继之，而其学始大。傅良，字君举，瑞安人。适，字正则，永嘉人。永康之眉目为陈亮。字同甫，永康人，学者称瑞安先生。）王伯厚（王应麟，字伯厚，庆元鄞县人，学者称厚斋先生）长于经制，全谢山以为吕学大宗，实则其学问宗旨，亦与朱氏为近也。

朱门之著者，有蔡西山父子（蔡元定，字季通，建之建阳人。居西山。子沈，字仲默），其律历象数之学，足补师门之缺。勉斋（黄干，字直卿，闽县人）以爱婿为上座，实能总持朱子之学。勉斋殁而后异说兴，犹孔门七十子丧而大义乖矣。勉斋之学，一传而为金华（何基，字子恭，金华人。居金华山，学者称金华先生），再传而为鲁斋（王柏，字会之，金华人）、白云（许谦，字益之，金华人。学者称白云先生）、仁山（金履祥，字吉父，兰溪人。居仁山下，学者称仁山先生）、双峰（饶鲁，字伯舆，一字仲元，余干人。筑石洞书院，前有两峰，因号双峰），皆卓有声光。辅汉卿（辅广，字汉卿，号潜庵，崇德人）学于朱子，兼受学于成公，其传为魏鹤山（魏了翁，字华父，邛州蒲江人。筑室白鹤山下，学者称鹤山先生）。詹元善（詹体仁，字元善，浦城人）亦学于朱子，其传为真西山（真德秀，字景元，后更曰希元，建之浦城人），皆宋末名儒。詹氏再传，辅氏四传而得黄东发（黄震，字东发，慈溪人。学者称于越先生。东发学于余端臣及王懋。野学于詹元善。端臣学于韩性。性，字明善，私谥曰庄节先生。性之学，出自其父翼甫。翼甫，字灼斋，会稽人。辅汉卿之弟子也），则体大思精，又非其师所能逮矣。此朱学之在南者也。其衍于北者，始于赵江汉（赵复，字仁甫，德安人。学者称江汉先生。元屠德安，姚枢在军前，以归，教授于燕，北方始知有程朱之学）。姚枢（字公茂，柳城人。后徙洛阳。○枢从子燧，字端甫，学于许衡）、许衡（字仲平，河内人。学者称鲁斋先生）、郝经（字伯常，泽州陵川人）、刘因（字梦吉，雄州容城人。学者称静修先生），皆出其门。朱学自宋理宗时，得朝廷表彰；元延祐科举，又用其法，遂如日中天矣。

洛学明道、伊川，性质本有区别。学于其门者，亦因性之所近，所得各有不同。故龟山之后为朱，而上蔡、信伯，遂启象山之绪。（朱子谓上蔡“说仁说觉，分明是禅”。又谓“今人说道，爱从高妙处说，自上蔡已如此”。又云：“上蔡之说，一转而为张子韶。子韶一转而为陆子静。”案上蔡近乎刚，龟山近乎柔。朱子谓“上蔡之言，多踔厉风发；龟山之言，多优柔平缓”是也。王苹，字信伯。世居福之福清，父徙吴。师伊川。龟山最称许之。全谢山曰：“象山之学，本无所承。东发以为遥出上蔡，予以为兼出信伯。”案信伯尝奏高宗：“尧、舜、禹、汤、文、武之道，若合符节。非传圣人之道，传其心也。非传圣人之心，传己之心也。己之心，无异圣人之心，万善皆备。欲传尧、舜以来之道，扩充此心焉耳。”可见其学之一斑。）金溪之学，梭山启之，复斋昌之，象山成之，与朱学双峰并峙。（象山兄弟六人：长九思，字子疆。次九叙，字子仪。次九皋，字子昭，号庸斋。次九韶，字子美，讲学梭山，号梭山居士。次九龄，字子寿，学者称复斋先生。次九渊，字子静，号存斋，结庐象山，学者称象山先生。）传陆学者，为明州四先生（舒沇，字元质，一字元宾，奉化人。沈焕，字叔晦，定海人。袁燮，字和叔，鄞县人。杨简，字敬仲，慈溪人。筑宝德润湖上，更其名曰慈湖）。袁、杨仕宦高，其名较显。袁言有矩矱，杨则颇入于禅。攻象山者，每以为口实焉。朱子门下，辟陆氏最力者为陈安卿（陈淳，字安卿，龙溪人），至草庐而和会朱、陆（吴澄，字幼清，学者称草庐先生，抚州崇仁人。继草庐而和会朱、陆者，又有郑师山。名玉，字子美，徽州歙县人。尝构师山书院，以处学者，故称师山先生。论者谓师山多右朱，草庐多右陆）。陆氏门下，至安仁三汤，而息庵、存斋，皆入于朱，惟晦静仍守陆学（汤干，字升伯，学者称息庵先生，安仁人。弟巾，字仲能，学者称晦静先生。巾，字季庸，学者称存斋先生）。传之从子东涧（汤汉，字伯纪）及径阪（徐霖，字景说，衢之西安人。谢叠山其门人也。叠山名枋得，字君直，弋阳人）。径阪之后，陆学浸衰。静明（陈苑，字立大，江西上饶人。学者称静明先生）、宝峰（赵偕，字子永，宋宗室与筹后。慈溪人。隐大宝山麓，学者称宝峰先生），得其遗书而再振之。元代科举用朱，朱学几于一统。至明，王阳明出，乃表彰陆氏焉。

元代理学，不过衍紫阳之绪余，明人则多能自树立者，而阳明其尤也。明初学者，笃守宋儒矩矱。方正学（方孝孺，字希直，台之宁海人。自名其读书之堂曰正学。正学大节凛然，论者谓其“持守之严，刚大之气。与紫阳相伯仲”焉）、曹月川（曹瑞，字正夫，号月川，河南渑池人。刘蕺山云：方正学后，斯道之绝而复续，实赖曹月川。即薛敬轩，亦闻其风而兴起者）、吴康斋（吴与弼，字子傅，号康斋，抚州崇仁人。刻苦奋厉，辞官躬耕。或讥其所学未见精微。然其克己安贫，操持不懈，凛乎其不可犯，要不易及也）、薛敬轩（薛瑄，字德温，号敬轩，山西河津人。其学兢兢于言行间检点，悃愊无华，可谓恪守宋人矩矱。然有未见性之讥），皆其卓卓者。河东之学，传诸泾野（吕柟，字仲木，号柟野，陕之高阳人。径野讲学，所至甚广，讲席几与阳明中分。一时笃行之士，多出其门）、三原（王恕，字宗贯，号介庵，晚又号石渠，陕之三原人），仍重礼乐，笃躬行，存关学之面目，与师门少异其趣。康斋之学，传诸白沙，主张“静中养出端倪”，则于师门大变手眼矣（陈献章，字公甫，号石斋，新会白沙里人，谥文恭。〇康斋弟子，又有胡居仁，字叔心，饶州余干人，学者称敬斋先生；娄谅，字元贞，号一斋，广信上饶人。一斋以收放心为居敬之门，以“何思何虑、勿忘勿助”为居敬要指；敬斋辟之，谓其陷入异教）。论者谓“有明之学，至白沙而后精，至阳明而后大”，白沙实阳明之前驱也。

有明之学，自当以阳明（王守仁，字伯安，余姚人）为大宗。理学名家，非衍阳明之绪余，即与阳明相出入者也。阳明之学，盖承朱学之敝而起。其学实近法象山，远承明道，特较象山、明道，尤精且大耳。传阳明之学者，当分浙中、江右、泰州三大派：浙中之学，以龙溪、绪山为眉目。（浙中王门，实以徐曰仁为称首。曰仁名爱，号横山，余姚人。阳明之内兄弟也。受业最早。及门有未信者，曰仁辄为骑邮，门人益亲。阳明称为吾之颜渊。早卒。龙溪、绪山，讲学最久，遂为王门之翘楚。龙溪王氏，名畿，字汝中，山阴人。绪山钱氏，名德洪，字洪甫，余姚人。）江右则东廓（邹守益，字谦之，江西安福人）、念庵（罗洪先，字达夫，江西吉水人）、两峰（刘文敏，字宜充，安福人）、双江（聂敬，字文蔚，江西永丰人），及再传塘南（王时槐，字子植，安福人。师两峰）、思默（万廷言，字以忠，江西南昌人。师念庵），皆有发明。泰州多豪杰之士，其流弊亦最甚。末年得刘蕺山（刘宗周，字起东，号念台，山阴人），提唱慎独，又王学之一转手也。与王学同时角立者，有止修、甘泉二家（李材，字孟诚，号见罗，江西丰城人。以“止修”二字为学鹄。湛若水，字元照，号甘泉，广东增城人。师白沙）。其继起而矫正其末流之弊者，则东林中之高、顾也（高攀龙，字存之，别号景逸；顾宪成，字叔时，别号泾阳，皆常州无锡人。泾阳契阳明，而深辟无善无恶之论）。

明末大儒：梨洲（黄宗羲，字大冲，余姚人）、夏峰（孙奇逢，字启泰，号钟元，北直容城人）、二曲（李中孚，盩厔人。家在二曲间，学者称二曲先生），皆承王学；而亭林（顾炎武，初名绛，字宁人，昆山人）、船山（王夫之，字而农，号姜斋，衡阳人）、蒿庵（张尔岐，字稷若，济阳人）、杨园（张履祥，字考夫，号念芝。居桐乡之杨园，学者称杨园先生。杨园尝师蕺山，然学宗程、朱）、桴亭（陆世仪，字道威，太仓人），则皆宗朱。其后清献起于南（陆陇其，字稼书，平湖人。辟陆、王最力），清恪起于北（张伯行，字孝先，号敬庵，仪封人），而学风乃渐变。汤文正（汤斌，字孔伯，号荆岘，晚号潜庵，睢州人）尝师夏峰，后亦折入程、朱，但不辟陆、王耳。清代名臣，负理学重名者颇多，皆宗朱，然实多曲学阿世之流；心学承晚明之猖狂，弥以不振。盖至是而宋明之哲学，垂垂尽矣。

濂溪之学

一种新哲学之创建，必有一种新宇宙观、新人生观，前已言之。宋代哲学，实至庆历之世，而始入精微。其时创立一种新宇宙观及人生观者，则有若张子之《正蒙》，司马氏之《潜虚》，邵康节之《观物》。司马氏之书，不过扬子《太玄》之伦。邵子之说，颇有发前人所未发者：然术数之学，我国本不甚行，故其传亦不盛。张子之说醇矣；然不如周子之浑融。故二程于周子，服膺较深。朱子集北宋诸家之成，亦最宗周、程焉。而周子遂称宋学之开山矣。

周子之哲学，具于《太极图说》及《通书》。《太极图说》或议其出于道家，不如《通书》之纯。此自昔人存一儒、释、道之界限，有以致之。其实哲学虽有末流之异，语其根本，则古今中外，殆无不同，更无论儒、道之同出中国者矣。《通书》与《太极图说》相贯通。《通书》者，周子之人生观；《太极图说》，则其宇宙观也。人生观由宇宙观而立。废《太极图说》，《通书》亦无根底矣。朱子辨《太极图说》，必为濂溪所作，而非受诸人（潘兴嗣作周子《墓志》，以《图》为周子自作，陆象山以为不足据），其说诚不可信。然谓“传者误以此图为《通书》之卒章，而读《通书》者，遂不知有所总摄”，则笃论也。

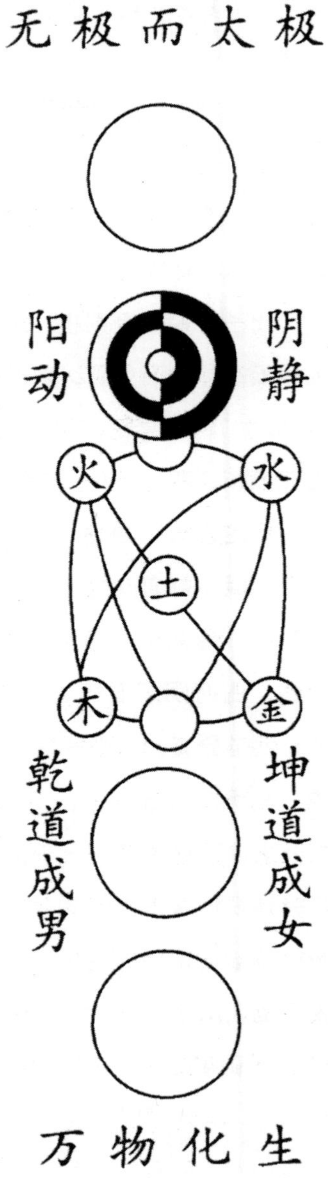

太极图之出于道家，殆不可讳。然周子用之，自别一意，非道家之意也。所谓“太极图”者，上一圈为太极。太极不能追原其始，故曰“无极而太极”。次圈之黑白相间者为阴静阳动。（黑为阴静，白为阳动。）阴居右，阳居左。阳变为阴，阴变为阳，故左白右黑之外，间以左黑右白一圈，其外则复为左白右黑焉。其下为水、火、木、金、土，五小圈。水、金居右，火、木居左者，水、金阳而火、木阴也。土居中，冲气也。水、火、木、金、土，上属于第二圈，明五行生于阴阳也；下属于第四圈，明人物生于五行也。水、火、木、金、土，各为一小圈，所谓“五行各一其性”也。其序：自水之木，自木之火，自火之土，自土之金，沿《洪范》五行首水，及古人以五行配四时之说，所谓“五气顺布而四时行”也。下一圈为“乾道成男，坤道成女”，明万物所由生也。又下一圈曰“万物化生”，人亦万物之一，实不可分作两圈，周子盖沿道家旧图，未之改也。（周子之意，或以“乾道成男，坤道成女”为抽象之言，不指人。）

周子之说太极图也，曰：“无极而太极。太极动而生阳，动极而静；静而生阴，静极复动。一动一静，互为其根。分阴分阳，两仪立焉。阳变阴合，而生水、火、木、金、土，五气顺布，四时行焉。五行一阴阳也，阴阳一太极也，太极本无极也。五行之生也，各一其性。无极之真，二五之精，妙合而凝。乾道成男，坤道成女。二气交感，化生万物。万物生生，而变化无穷焉。”案此周子根据古说，以说明宇宙者也。古有阴阳五行之说，已见前。二说在后来，久合为一；而推原其始，则似系两说。以一为二元论，一为多元论也。其所以卒合为一者，则以哲学所求，实为唯一，多元、二元之说，必进于一元而后安。五行之说，分物质为五类，乃就认识所及言之。其后研究渐精，知人所能认识之物质，与其不能认识而指为虚空者，实无二致。其所以或能认识、或不能认识者，则以物质有聚散疏密之不同，自人观之，遂有隐显微著之各异耳。至此，则认识所及之水、火、木、金、土，与认识所不及之至微之气，可以并为一谈。而五行之多元论，进为一元矣。阴阳之说，盖因“男女构精，万物化生”悟入。其始盖诚以阴阳为二体。研究渐精，乃知所谓阴阳者，特人所见现象之异，其本体，初不能谓为不同。于是阴阳二者，可谓同体而异用。乃为之假立一名，曰太极。而阴阳二元之论，亦进为一元矣。二说既同进为一元，自可合并为一说。乃以太极为世界之本体；世界之现象，为人所认识者，实为变动。则以阴阳之变化说之，而二者仍为同体而异用，此所以说世界流转之原理。若以物质言：则一切物之原质，皆为气；水、火、木、金、土，皆此气之所为；万物之错综，则又五行之所淆而播也。气之所以分为五行，五行之所以淆而为万物，则以不可知之太极。无始以来，即有此一静一动之变化也。此乃自古相传之说；周子亦不过融会旧文，出以简括之辞耳，非有所特创也。

中国无纯粹之哲学，凡讲哲学者，其意皆欲措之人事者也。周子亦然。故于说明宇宙之后，即继之以人事。曰：“惟人也，得其秀而最灵。”此言人之所以为人也。曰：“形既生矣，神发知矣。五性感动，而善恶分，万事出矣。圣人定之以仁、义、中、正，而主静，立人极焉。”此为周子之人生观。凡一元论之哲学，必将精神物质，并为一谈（一物而两面）。此等思想，中国古代，亦已有之。其分人性为仁、义、礼、智、信五端，以配木、金、火、水、土五行是也。周子亦沿其说。思想浅薄之时，恒以为善、恶二者，其质本异；迨其稍进，用知所谓善恶者，其质实无不同，特其所施有当、有不当耳。至此，则二元论进为一元矣。周子之说亦如是。周子既沿旧说，以五性配五行，又总括之为仁义两端，以配阴阳。仁义二者，皆不可谓恶也。更进一步言之，阴阳同体而异用，仁义亦一物而二名。（视其所施而名之。）愆阴伏阳，特其用之有当、有不当，而其本体（太极）初无所谓恶；则人之行为，所以或失之刚，或失之柔者，亦不过其用之或有不当，而其本体初无所谓恶；此世界之本体，所以至善，亦人性之所以本善也。然则所谓善恶者，即行为当不当之谓而已。（不论其所施，而但论其行为，则无所谓善恶。）世界之现象，自认识言之，无所谓静也，只见其动耳。然自理论言之，固可假设一与动相对之境，名之曰静。本体既无所谓恶；所谓恶者，既皆出于用，则固可谓静为善、动为恶。然则人而求善，亦惟求静境而处之而已矣。（恢复本体。）然认识所及，惟是变动；所谓静境，不可得也。乃进一步而为之说曰：世界本体不可见，可见者惟现象，本体既在现象之中。然则静境亦不可得，静即在乎动之中。人之所求，亦曰动而不失其静而已矣。（虽堕落现象界，而仍不离乎本体。）动而不失其静者，用而不离乎体之谓也。用而不离乎体者，不失其天然之则之谓也。以几何学譬之：所谓真是，惟有一点：此一点，即人所当守之天则，即至当之动，而周子之所谓中正也。然此一点非有体可得，仍在纷纭蕃变之中。盖人之所为，非以为人，即以为我。为人，仁也；为我，义也。欲求于仁义之外，别有一既不为人、又不为我之行为，卒不可得。然则欲求中正，惟有即仁义之施无不当者求之。而欲求之仁义，亦必毋忘中正而后可。否则不当仁而仁，即为不仁；不当义而义，即为不义矣。故仁义同实而异名，犹之阴阳同体而异用。阴阳之体，所谓太极者，惟有假名，更无实体。仁义之体，所谓中正者亦然也。然则所谓善者，即仁义之施无不当者也。施无不当，则虽动而不离其宗。虽动而不离其宗，则动如未动。动如未动，固可以谓之静，此则周子所谓静也。此为道德之极致，故命之曰“人极”。能循此，则全与天然之则合，所谓“圣人与天地合其德，与日月合其明，与四时合其序，与鬼神合其吉凶”也。能循此者，必获自然之福；而不然者，则必遇自然之祸；所谓“君子修之吉，小人悖之凶”也。此以行为言也。若以知识言：则现象之纷纭蕃变，不外乎阴阳五行；阴阳五行，又不离乎太极。能明此理，则于一切现象，无不通贯矣。所谓“原始要终，故知死生之说”也。周子盖由《易》悟入，亦自以为祖述《易》说，故于篇末赞之曰:“大哉《易》也，斯其至矣”也。

《太极图说》，虽寥寥数百言，然于世界之由来，及人所以自处之道无不备，其说可谓简而赅。宜朱子以为“根极领要；天理之微，人伦之著，事物之众，鬼神之幽，莫不洞然，毕贯于一”也。

《太极图说》，推本天道以言人事，《通书》则专言人事，然其理仍相通。故朱子以为废《太极图说》，则《通书》无所总摄也。《太极图说》所言自然界之理，《通书》名之曰“诚”。诚者，真实无妄之谓。自然界之事，未有不真实者也。故曰："大哉乾元，万物资始，诚之原也。乾道变化，各正性命，诚斯立焉。"自然界之现象，见其如此；即系如此，更无不如此者之可言，是为诚。自然界之现象，人所认识者，为变动不居；从古以来，未尝见其不动；则动即自然界之本相也。然则诚与"动"一物也，故曰："至诚则动，动则变，变则化。"圣人当与天地合其德，《通书》以诚称自然界，故亦以诚为圣人之德，曰："圣，诚而已矣。"人之所知，止于现象。然自理论言之，固可假说一实体界，以与动相对。恶既皆属现象，固可谓由动而生，则动最当慎。此由静而动之境（自实体界入现象界），周子名之曰"几"。所谓"动而未形，有无之间"也。本体无善恶可言，动则有善恶矣。故曰："诚无为，几善恶。"又曰："吉凶悔吝生乎动，吉一而已，可不慎乎"也。

动之循乎当然之道者为善，不循乎当然之道者为恶。循乎当然之道者，动而不失其则者也，所谓诚也。不循乎当然之道者，动而背乎真实之理者也，所谓"妄"也。（如人四体之动，顺乎生理者为诚，逆乎生理者为妄。）人之动作，贵合乎天然之理，故当祛其妄而复其诚。故曰："诚，复其本善之动而已矣。不善之动，妄也。妄复则无妄矣。无妄则诚矣。"

本善之动为道。道之名，自人所当循之路言之也。自其畜于身，见于事为者言之，则曰德。德也，道也，二名一实，特所从言之者异耳。德之目周子亦如古说，分为仁、义、礼、智、信，而又以仁义二端总括之。礼者，所以行之而备其条理。智者，所以知之。信者，所以守之。而所行、所知、所守，则仍不外乎仁义。故曰：“圣人之道，仁义中正而已矣。”其说全与《太极图说》合。

人性之有仁义，犹天道之有阴阳，地道之有刚柔，其本体皆不可谓之恶也。故世界本无所谓善，协乎两者之中而已矣；亦无所谓恶，偏乎两者中之一而已矣。故曰：“性者，刚、柔、善、恶，中而已矣（见诸事乃可云仁义。此但就性言，故曰刚柔）。刚：善为义，为直，为断，为严毅，为干固；恶为猛，为隘，为强梁。柔：善为慈，为顺，为巽；恶为懦、弱，为无断，为邪佞。”义也，直也，断也，严毅也，干固也，非实有其体也，刚之发而得其当焉者也；猛也，隘也，强梁也，并非实有其体也，刚之发焉而不得其当者也。柔之善恶视此。然则天下信无所谓善恶，惟有中不中而已。故曰：“惟中也者，和也，中节也，天下之达道也，圣人之事也。故圣人立教，俾人自易其恶，自至其中而止矣。”

然则人何以自易其恶而止于中哉？逐事检点，固已不胜其劳。抑且未知何者谓之中，自亦无从知何者谓之偏。苟能知何者谓之中，则但谨守此中焉足矣。夫人之本体，本能止于中者也。所以失其中者，以其有不当之动也。不当之动，始萌于欲，而终著于事为者也。人能无欲，则自无不当之动矣。无欲，所谓静也，亦所谓一也。无欲则动无不当矣。动无不当，则不离乎当然之境而谓之静，非谓寂然不动，若槁木死灰也。(《通书》曰:“动而无静,静而无动,物也。动而无动,静而无静,神也。动而无动,静而无静,非不动不静也。”此之谓也。)故曰:“圣可学乎?曰:可。有要乎?曰:有。请问焉。曰:一为要。一者,无欲之谓也。无欲则静虚动直。静虚则明,明则通;动直则公,公则溥。明通公溥,庶矣乎?”夫人之所求,动直而已;而动直之本,在于静虚;此《太极图说》,所以谓“圣人以主静立人极”也。故“主静”实周子之学脉也。

中者,当然之则而已矣。当然之则,非人人所能知之也。必先求知之,然后能守之。求而知之者,智识问题;既知之,又求行之,则行为问题也。周子为理学开山,但发明其理于修为之方,尚未及详,故注重于思。《通书》曰:“无思而无不通为圣人。不思则不能通微,不睿则不能无不通。是则无不通生于通微,通微生于思。是故思者,圣功之本,而吉凶之几”是也。程朱格物穷理之说,盖本诸此。

以上所言,皆淑身之术也。然一种新哲学之人生观,固不当止于淑身,而必兼能淑世。故曰:“志伊尹之所志,学颜子之所学。”噫!周子之言,内外本末,亦可以谓之兼备矣哉!

周子之说,虽自成为一种哲学,然其源之出于道家,则似无可讳。黄晦木《太极图辩》曰:“周子《太极图》,创自河上公,乃方士修炼之术也。河上公本图,名《无极图》。魏伯阳得之,以著《参同契》。钟离权得之,以授吕洞宾。

洞宾后与陈图南同隐华山，而以授陈。陈刻之华山石壁。陈又得《先天图》于麻衣道者。（宋时有所谓《正易心法》者，托之麻衣道者，谓为希夷之学所自出，实则南宋时戴师愈之所伪也。见朱子书《麻衣心易后》《再跋麻衣易说后》。）皆以授种放。放以授穆修与僧寿涯。修以《先天图》授李挺之，挺之以授邵天叟，天叟以授子尧夫。修以《无极图》授周子。周子又得先天地之《偈》于寿涯。（晁公武谓周子师事鹤林寺僧寿涯，得其"有物先天地，无形本寂寥。能为万象主，不逐四时凋"之偈。刘静修《记太极图说后》曰："或谓周子与胡宿、邵古，同事润州一浮屠，而传其《易书》。"所谓润州浮屠，即寿涯也。）其图自下而上，以明逆则成丹之法。其重在水火。火性炎上，逆之使下，则火不熛烈，惟温养而和燠。水性润下，逆之使上，则水不卑湮，惟滋养而光泽。滋养之至，接续而不已；温养之至，坚固而不败。其最下圈名为玄牝之门。玄牝即谷神。牝者，窍也；谷者，虚也。指人身命门，两肾空隙之处，气之所由生，是为祖气。凡人五官百骸之运用知觉，皆根于此。于是提其祖气，上升为稍上一圈，名为炼精化气，炼气化神。炼有形之精，化为微芒之气；炼依希呼吸之气，化为出有入无之神；使贯彻于五藏六府，而为中层之左木火、右金水、中土相联络之一圈，名为五气朝元。行之而得也，则水火交媾而为孕。又其上中分黑白而相间杂之一圈，名为取坎填离，乃成圣胎。又使复还于无始，而为最上之一圈，名为炼神还虚，复归无极，而功用至矣。周子得此图，而颠倒其序，更易其名，附于《大易》，以为儒者之秘传。盖方士之诀，在逆而成丹，故从下而上。周子之意，以顺而生人，故从上而下。太虚无有，有必本无，乃更最上圈炼神还虚，复归无极之名曰无极而太极。太虚之中，脉络分辨，指之为理，乃更其次圈取坎填离之名曰阳动阴静。气生于理，名为气质之性，乃更第三圈五气朝元之名曰五行各一性。理气既具，而形质呈，得其全者、灵者为人，人有男女，乃更第四圈炼精化气，炼气化神之名曰乾道成男、坤道成女；得其偏者、蠢者为万物，乃更下圈玄牝之名曰万物化生。”案《参同契》有《水火匡廓》及《三五至精》两图，即周子《太极图》之第二、第三圈也。胡朏明《易图明辨》曰：“唐《真玄妙精品》有《太极先天图》，合三轮五行为一，而以三轮中一〇，五行下一〇为太极。又加以阴静阳动，男女万物之象，凡四大〇。阴静在三轮之上，阳动在三轮之下。（三轮左离右坎，水火既济之象。二〇上阴下阳，天地交泰之象。《鼎器歌》云：“阴在上，阳在奔，即此义也。”）男女万物，皆在五行之下。与宋绍兴甲寅朱震在经筵所进周子《太极图》正同。今《性理大全》所载，以三轮之左为阳动，右为阴静，而虚其上下二〇，以为大极，乃后人所改，非其旧也。”其说与晦木，又有异同。盖在道家，此图亦非一本也。然《太极图》之源出道家，则无疑矣。然此不过借用其图，其用意则固大异也。

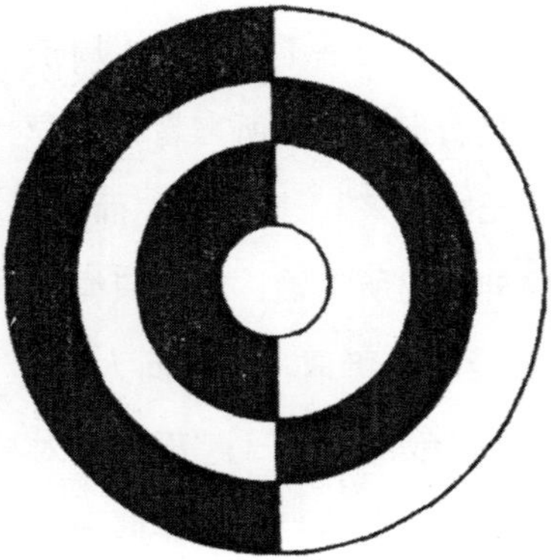

《水火匡廓图》，又名《水火二用图》。坎离二卦，运为一轴。中一〇为坎离之胎。

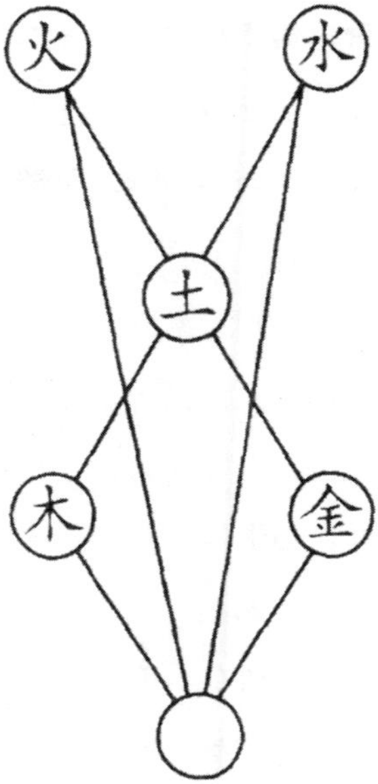

《三五至精图》。土、火、木、水、金，合而归于一元。一元，谓下一〇也。

朱、陆无极、太极之辩，亦为理学家一重公案。案此说似陆子误也。《通书》与《太极图说》，实相贯通，已如前说。而梭山谓“《太极图说》与《通书》不类，疑非周子所为；否则其学未成时作，又或传他人之文，后人不辨”似于周子之学，知之未审。象山谓“无极”二字，出《老子·知其雄章》。以引用二氏之言为罪案，此实宋儒习气。理之不同者，虽措语相同，而不害其为异。理之不易者，凡古今中外，皆不能不从同。安得摭拾字面，以为非难乎？（象山又谓“二程言论文字至多，亦未尝一及无极字”。案即就字面论，儒家用“无极”二字者，亦不但周子。黄百家曰：“柳子厚曰：‘无极之极’。邵康节曰：‘无极之前，阴含阳也。有极之后，阳分阴也。’是周子之前，已有无极之说。”）若谓“《系辞》言神无方矣，岂可言无神？言易无体矣，岂可言无易？”则《系辞》乃就宇宙自然之力，无乎不在言之。周子之言，则谓世界本体，无从追原其所自始。其所言者，固异物也。无极而太极，犹佛家言“无始以来”，言“法尔而有”耳。必责作《系辞传》者，推原神与易所自始，彼亦只得云无从说起矣。安得拘泥字面，而疑周子所谓“无极而太极”者，乃谓有生于无，落“断空”之见哉？朱子曰：“无极而太极，犹曰莫之为而为，莫之致而至。乃语势当然，非谓别有一物也。”又曰：“无极二字，乃周子令后之学者，晓然见太极之妙，不属有无，不落方体。”可谓得周子之意矣。故“无极而太极”之辩，实陆子误会文义，以辞害意也。又陆子谓“一阴一阳，即是形而上者”；朱子则谓“一阴一阳，属于形器。所以一阴一阳者，乃道理之所为”，亦为两家一争端。案此说两家所见本同，而立言未明，遂生辩难。盖陆子之意：以为人之所知，止于现象；现象之外，不得谓更有本体其物，为之统驭。朱子之意：谓现象之然，虽不必有使之然者；然自理论言之，有其然，即可谓有其所以然。固不妨假立一名，名之曰道，而以现象为形器。陆子疑朱子谓本体实有其物，立于现象之外，遂生辩难。若知朱子所谓道者，乃系就人之观念，虚立一名，而非谓实有其物，则辩难可以无庸矣。陆子曰:“直以阴阳为形器，而不得为道，尤不敢闻命。《易》之为道，一阴一阳而已。先后，始终，动静，晦明，上下，进退，往来，阖辟，盈虚，消长，尊卑，贵贱，表里，隐显，向背，顺逆，存亡，得丧，出入，行藏，何适而非一阴一阳哉?奇耦相寻，变化无穷，故曰其为道也屡迁。”朱子曰:“若以阴阳为形而上者，则形而下者，复是何物?熹则曰:凡有形有象者皆器也，其所以为是器之理则道也。如是，则来书所谓始终、晦明、奇耦之属，皆阴阳所为之形器。独其所以为是器之理，乃为道耳。”此则谓现象之所以然，虽不可知，然自理论言之，不得不分为两层:名其然曰器，名其所以然曰道也。此特立言之异，其意固不甚悬殊也。(朱陆辩论之辞甚多，除此节所举两端外，皆无甚关系，故今不之及。〇朱子论道与形器之说，须与其论理气之说参看。〇又案太极、两仪等，皆抽象之名，由人之观念而立。后人或误谓实有其物，遂生缪辖。许白云曰:“太极，阴阳，五行之生，非如母之生子，而母子各具其形也。太极生阴阳，而太极即具阴阳之中;阴阳生五行，而太极、阴阳，又具五行之中，安能相离也?何不即五行一阴阳、阴阳一太极之言观之乎?”其言最为明析。昔之讲哲学者，不知有认识论，此太极、阴阳、理气等说，所以缪辖不清也。)

康节之学

北宋理学家，周、程、张、邵，同时并生。其中惟邵子之学，偏于言数。我国所谓数术者，为古代一种物质之学，前已言之。邵子之旨，亦不外此。其《观物篇》谓“天使我如是谓之命，命之在我谓之性，性之在物谓之理”。又谓“数起于质”，“天下之数出于理”是也。（人性即精神现象，物理即物质现象，邵子以为二者是一。“数起于质”者，如谓筋肉发达至何种程度，即能举何种重量；筋力衰弛，则举重之力亦减是也。何以筋肉发达即能举重，衰弛即不能？此则所谓“数出于理”之理。此理不可知。所谓“天之象数，可得而推，其神乃不可得而测”也。）

邵子之学，亦以《易》为根据。其所谓《易》者，亦出于陈抟。（朱震《经筵表》谓陈抟以《先天图》传种放，放传穆脩，脩传李之才，之才传邵雍。）盖亦道家之学也。其《先天次序卦位图》如下图。

《八卦次序图》，最下一层为太极。其上为两仪。又其上为四象。又其上为八卦，其序则乾一、兑二、离三、震四、巽五、坎六、艮七、坤八是也。以图之白处，代《易》之一画，黑处代《易》之一画。是为一分为二，二分为四，四分为八。如是推之，八分为十六，十六分为三十二，三十二分为六十四，即成《伏皇先天六十四卦横图》。以六十四卦规而圆之，则成圆图；割而叠之，则成方图。圆图以象天，方图以象地也。

八卦方位，见《易》“帝出乎震”一节。与大乙行九宫之说合，见第二篇。据其说，则离南、坎北、震东、兑西、乾西北、坤西南、艮东北、巽东南。邵子以为后天卦位，为文王所改。而云：此图为先天方位，为伏羲所定。其根据，为《易》“天地定位”一节。为之说者：谓此先天方位，“天位乎上，地位乎下，日生于东，月生于西，山镇西北，泽注东南，风起西南，雷动东北，自然与天地造化合”也。

邵子之学，亦以阴阳二端解释世界，而名阴阳之源为太极，其《经世衍易图》所谓“一动一静之间”者也。《观物内篇》云：“一动一静者，天地之至妙者欤？一动一静之间者，天地人之至妙者欤？”即指太极言之也。邵子谓“天生于动，地生于静”，“动之始则阳生焉，动之极则阴生焉。静之始则柔生焉，静之极则刚生焉”。阴阳之中，复有阴阳；刚柔之中，复有刚柔，故各分为太少。太阳为日，太阴为月；少阳为星，少阴为辰，此天之体也。太柔为水，太刚为火；少柔为土，少刚为石，此地之体也。日为暑，月为寒，星为昼，辰为夜，此天之变也。水为雨，火为风，土为露，石为雷，此地之化也。暑变物之性，寒变物之情，昼变物之形，夜变物之体，此动植之感天而变者也。雨化物之走，风化物之飞，露化物之草，雷化物之木，此动植之应地之化者也。推之一切，莫不皆然。

<table>
<tr><td>太阳</td><td></td><td rowspan="2">阳</td><td></td><td rowspan="4">动一</td><td rowspan="4">一动一静</td></tr>
<tr><td>太阴</td><td></td><td></td></tr>
<tr><td>少阳</td><td></td><td rowspan="2">阴</td><td></td></tr>
<tr><td>少阴</td><td></td><td></td></tr>
<tr><td>少刚</td><td></td><td rowspan="2">刚</td><td></td><td rowspan="4">静一</td><td rowspan="4">之间</td></tr>
<tr><td>少柔</td><td></td><td></td></tr>
<tr><td>太刚</td><td></td><td rowspan="2">柔</td><td></td></tr>
<tr><td>太柔</td><td></td><td></td></tr>
</table>

太阳	日	暑	性	目	元	皇
太阴	月	寒	情	耳	会	王
少阳	星	昼	形	鼻	运	帝
少阴	辰	夜	体	口	世	霸
少刚	石	雷	木	气	岁	易
少柔	土	露	草	味	月	书
太刚	火	风	飞	色	日	诗
太柔	水	雨	走	声	时	春秋

邵子之说，皆由博观物理而得。试问天何以取日月星辰为四象？地何以取水火土石为四体？曰："阳燧取于日而得火，火与日一体也。""方诸取于月而得水，水与月一体也。""星陨而为石，石与星一体也。""日月星之外，高而苍苍者皆辰，水火石之外，广而厚者皆土，辰与土一体也。"

何以不用五行，而别取水火土石？曰："木生于土，金出于石。水火木金土者后天，水火土石者先天。后天由先天出。一以体言，一以用言也。"（邵伯温《观物内篇注》。案此实以五行之说为不安而改之耳。不欲直斥古人以骇俗，乃立先后天之名以调停之。其八卦之说，亦犹是也。故邵子之说，实可谓自有所得，非全凭借古人者。）日为暑，月为寒，星为昼，辰为夜，其理易明。水为雨，火为风，土为露，石为雷者？邵子曰："其气之所化也。"暑变物之性，寒变物之情，昼变物之形，夜变物之体者？邵子以动者为性，静者为体。谓"阳以阴为体，阴以阳为唱"，"阳能知而阴不能知（人死则无知者，性与体离也），阳能见而阴不能见"。能知、能见者为有，故阳性有而阴性无。"阳有所不遍，而阴无所不遍。阳有去而阴常居。"（邵子之意，凡知觉所及皆阳，出于知觉之外者皆阴。）无不遍而常居者为实，故阴体实而阳体虚。性公而明，情偏而暗。公而明者属阳（阳动故公，能见故明。阴常居故偏，不能见故暗），故变于暑；偏而暗者属阴，故变于寒。形可见，故变于昼；体属阴，故变于夜也。（以上皆据《观物内外篇》。〇邵子言哲理之作，为《观物内外篇》及《渔樵问答》。《渔樵问答》，理甚肤浅，或云伪物，盖信。）其余一切，皆可以是推之。此等见解，今日观之，诚不足信。然在当日，则其观察，可谓普遍于庶物，而不偏于社会现象者矣。中国数术之家，所就虽不足观，然研究物质现象于举世莫或措意之日，要不可谓非豪杰之土也。（邵子之学，二程颇不以为然。晁以道云："伊川与邵子，居同里巷三十余年，世间事无所不问，惟未尝一字及数。一日雷起，邵子谓伊川曰：'子知雷起处乎？'伊川曰：'某知之，尧夫不知也。'邵子愕然曰：'何谓也？'曰：'既知之，安用数推之？以其不知，故待推而知。'"是邵子之数学，伊川颇不然之矣。明道云："尧夫欲传数学于某兄弟。某兄弟那得工夫？要学，须是二十年工夫。"虽不如伊川谓不待数推而知，亦以数为非所急矣。朱子曰："伊川之学，于大体上莹澈，于小小节目上，犹有疏处。康节能尽得事物之变，却于大体有未莹处。"夫使如心学者流，谓直证本体，即万事皆了，则诚无事于小节目上推。若如程朱之说，"人心之灵，莫不有知。天下之物，莫不有理。惟于理有未穷，故其知有不尽"，则一物之格未周，即致知之功有歉。邵子所用之法，固不容轻议也。）

邵子本阴阳刚柔变化之见，用数以推测万物之数。其法：以阳刚之体数为十，阴柔之体数为十二。故太阳、少阳、太刚、少刚之数凡四十；太阴、少阴、太柔、少柔之数凡四十八。以四因之，则阳刚之数，凡一百六十；阴柔之数，凡一百九十二。于一百六十中，减阴柔之体数四十八，得一百十二，为阳刚之用数；于一百九十二中，减阳刚之体数四十，得一百五十二，为阴柔之用数。以一百五十二，因一百十二，是为以阳用数，唱阴用数，为日月星辰之变数；其数凡一万七千有二十四，谓之动数。以一百十二，因一百五十二，是为以阴用数，和阳用数，是为水火土石之化数；其数亦一万七千有二十四，谓之植数。再以动数、植数相因（以一万七千二十四，因一万七千二十四），谓之动植通数；是为万物之数。（求万物之数，不本之实验，而虚立一数以推之，亦物质科学未明时不得已之法也。〇《易》用九六，《经世》用十十二，皆以四因之。《易》之数：阳用九，以四因之，得三十六，为乾一爻之策数；阴用六，以四因之，得二十四，为坤一爻之策数。以六因三十六，得二百一十六，为乾一卦策数；以六因二十四，得一百四十四，为坤一卦策数。相加得三百六十，故曰："乾坤之策，凡三百六十也。"以三十二因二百一十六，得六千九百一十二，为三十二阳卦之策数；以三十二因一百四十四，得四千六百有八，为三十二阴卦之策数。二者相加，得万有一千五百二十，所谓"二篇之策，万有一千五百二十"也。）

邵子之推万物如此。至于人，则邵子以为万物之灵。蔡西山尝推邵子之意曰："万物感于天之变，性者善目，情者善耳，形者善鼻，体者善口。万物应于地之化，飞者善色，走者善声，木者善气，草者善味。人则得天地之全。暑寒昼夜无不变，雨风露雷无不化，性情形体无不感，走飞草木无不应。目善万物之色，耳善万物之声，鼻善万物之气，口善万物之味。盖天地万物，皆阴阳刚柔之分，人则兼备乎阴阳刚柔，故灵于万物，而能与天地参也。"其言最为简约明了。《观物内篇》曰："人之所以灵于万物者，谓其目能收万物之色，耳能收万物之声，鼻能收万物之气，口能收万物之味。人亦物也，一物当兆物；圣亦人也，一人当兆人。是知人也者，物之至者也；圣也者，人之至者也。”又曰：人之至者，谓其能以“一心观万心，一身观万身，一世观万世”。如是，则能“上识天时，下尽地理，中尽物情，通照人事”；则能以“心代天意，口代天言，手代天工，身代天事”。盖明乎宇宙之理，则措施无不当。宇宙之理，邵子之所谓物理也。（此“物”字所该甚广。能观者我，我所观者，一切皆物）邵子谓人为万物之灵，以其能通物理；谓圣人为人之至，以其能尽通物理而无遗也。

元会运世，岁月日时，乃邵子借数以推测宇宙之变化者。其见解与扬子《太玄》等同，特其所用之数异耳。其法：以日经天之元，月经天之会，星经天之运，辰经天之世。日之数一，象一日也；月之数十二，象十二月也；星之数三百六十，象一年之日数也；辰之数四千三百二十，一日十二时，则三百六十日，得四千三百二十时也。一世三十年，凡十二万九千六百年，是为皇极经世一元之数。《注》曰：“一元在大化之间，犹一年也。”更以日月星辰四者，经日月星辰四者，则其数如下：

以日经日　元之元　一

以日经月　元之会　一二

以日经星　元之运　三六〇

以日经辰　元之世　四三二〇

以月经日　会之元　一二

以月经月　会之会　一四四

以月经星　会之运　四三二〇

以月经辰　会之世　五一八四〇

以星经日　运之元　三六〇

以星经月　运之会　四三二〇

以星经星　运之运　一二九六〇〇

以星经辰　运之世　一五五五二〇〇

以辰经日　世之元　四三二〇

以辰经月　世之会　五一八四〇

以辰经星　世之运　一五五五二〇〇

以辰经辰　世之世　一八六六二四〇〇

至此而后数穷焉。《注》曰："穷则变，变则生，生而不穷也。"《皇极经世》，但著一元之数，使人引而伸之，可至于终而复始也。此等思想，盖以为宇宙现象，一切周而复始，特其数悠久而非人之所能知，乃欲借其循环之近者，以推测其远者耳。朱子曰："小者大之影，只昼夜便可见"，即此思想也。

此等数术，其可信与否，渺不可知。即著此等书者，亦未必以为必可信，特以大化悠久，为经验所不及，不得不借是以推测之耳。彼其信数可以推测宇宙者，以其深信"数起于质"一语也。此等数术家，视宇宙之间，无非物质；而物质运动，各有定律，是为彼辈所谓"数"。物质运动，既必循乎定律而不能违，则洞明物理者，固可以豫烛将来之变，此其所以深信发明真理，在乎“观物”也。然今之所谓科学者，乃将宇宙现象，分为若干部而研究之。研究愈精，分析愈细。谓其能知一部现象之原因结果则可；谓其能明乎全宇宙之现象，因以推测其将来，微论有所不能，并亦无人敢作此妄想也。然昔之治学问者，所求知者，实为全宇宙之将来。夫欲知全宇宙之将来，非尽明乎全宇宙之现在不可。全宇宙之现在，固非人所能知。夫全宇宙之现在，数术家所谓“质”也；全宇宙之将来，数术家所谓“数”也。明乎质，固可以知数。今也无从知全宇宙之质，而欲据一部分之质，以逆测其余之质，以推得全宇宙之数焉，孰能保其必确？故彼辈虽据一种数以推测，彼辈亦未必自信也。此所以数术之家，各有其所据之数，而不相袭也。（无从推测之事，姑立一法以推测之而已。）

然则术数家之所谓术数，在彼亦并不自信；而世之迷信术数者，顾据昔人所造之数，谓真足以推测事变焉，则惑矣。邵子曰：“天下之数出于理。违乎理，则入于术。世人以数而入术，则失于理。”此所谓术，谓私智穿凿，强谓为可以逆测将来之术。所谓理，则事物因果必至之符。惟入于术，故失于理。邵子之说如此，此其所以究为一哲学家，而非迷信者流也。

术数家所用之数，固系姑以此为推，未必谓其果可用。假使其所用之数，果能推测宇宙之变化，遂能尽泄宇宙之奥秘乎？仍不能也。何也？所用之数，而真能推测宇宙之变化，亦不过尽知宇宙之质，而能尽知其未来之数耳。宇宙间何以有是质？质之数何以必如是？仍不可知也。故曰：“天之象数，可得而推。如其神用，则不可得而测。”此犹物理学家言：某物之理如何？可得而知也。何以有是物？何以有是理？不可得而知也。又曰：“道与一，神之强名也。以神为神者，至言也。”此犹言宇宙之秘奥，终不可知；以不可知说宇宙，乃最得当之论也。此邵子之所以终为一哲学家，而非迷信者流也。

皇王帝霸，《易》《书》《诗》《春秋》，乃邵子应世运之变，而谓治法当如是变易者。《观物内篇》曰：“昊天之尽物，圣人之尽民，皆有四府焉。昊天之四府，春夏秋冬之谓也；阴阳升降于其间矣。圣人之四府，《易》《书》《诗》《春秋》之谓也；礼乐隆污于其间矣。”是也。

邵子求知真理之法，由于观物。其观物之法，果何如乎？曰：邵子之观物，在于求真；其求真之法，则贵乎无我。《观物内篇》曰：“所谓观物者，非以目观之也；非观之以目，而观之以心也；非观之以心，而观之以理也。圣人之所以能一万物之情者，谓能反观也。反观者，不以我观物，以物观物之谓也。”《行篇》曰：“物理之学，或有所不通，不可以强通。强通则有我，有我则失理而入于术矣。”以物观物，谓纯任物理之真，而不杂以好恶之情、穿凿之见，即今所谓客观；有我则流于主观矣。

宇宙之原理，邵子名之曰道。虽以为不可知，然极尊崇之。故曰："天由道而生，地由道而成，人物由道而行。天、地、人物则异，其由于道则一也。"道之所以然不可知，其然则无不可知。所以知之，观物而得其理而已。故曰："道也者，道也。道无形，行之则见于事矣。"又曰："以天地观万物，则万物为物。以道观天地，则天地亦为物。道之道，尽于天矣。天之道，尽于地矣。天地之道，尽于物矣。天地万物之道，尽于人矣。（天地之道尽于物，即理具于事，事外无理之谓。天地万物之道尽于人，谓一切生于人心；无人，则无天地万物，更无论天地万物之理矣。）人能知天地万物之道所以尽于人者，然后能尽民也。天之能尽物，则谓之昊天。人之能尽民，则谓之圣人。"此道之所以可贵也。（邵子曰"道为太极"，又曰"心为太极"，即"天地万物之道尽于人"之说。）

世界之真原因唯一，而人之所知，则限于二。此非世界之本体有二，而人之认识，自如此也。此理邵子亦言之。其说曰："本一气也，生则为阳，消则为阴，故二者一而已矣。是以言天而不言地，言君而不言臣，言父而不言子，言夫而不言妇。然天得地而万物生，君得臣而万化行，父得子、夫得妇而家道成。故有一则有二，有二则有四，有三则有六，有四则有八。""言天而不言地"云云，谓世之所谓二者，其实则一，特自人观之，则见为二耳。"有一则有二，有二则有四"，自此推之，则世界现象，极之亿兆京垓，其实一也。

朱子所谓一本万殊，万殊一本，即此理。

世界之本体为一，而人恒见为二者，以其动也。动则入现象界矣。入现象界，则有二之可言矣。故曰："自下而上谓之升，自上而下谓之降。升者，生也；降者，消也。故阳生于下而阴生于上。是以万物皆反。阴生阳，阳生阴，是以循环而不穷也。"人所知之现象，不外阴阳两端。而阴阳之变化，实仍一气之升降：降而升，则谓之阳；升而降，则谓之阴耳。然则世界之本体果唯一，而所谓阴阳者，亦人所强立之二名耳，其实则非有二也。此论与张横渠若合符节。

世界之现象，人既为之分立阴阳刚柔等名目；至于本体，则非认识所及。非认识所及，则无可名。无可名而强为之名，则曰"神"。邵子曰："气一而已，主之者神也。神亦一而已，乘气而变化。能出入于有无生死之间，无方而不测者也。"又曰："潜天潜地，不为阴阳所摄者，神也。"又曰："气者，神之宅也。体者，气之宅也。气则养性，性则乘气。故气存则性存，性动则气动也。""出入于有无生死之间，不为阴阳所摄"，言其通乎阴阳也；通乎阴阳，则唯一之谓也。"潜天潜地，不行而至"，言其无所不在也；无所不在，则唯一之谓也。然又云："神乘气而变化"，"气者神之宅，体者气之宅"，则形体即气，气即神，非物质之外，别有所谓神者在也。故邵子之论，亦今哲学家所谓泛神论也。

邵子曰：人能尽物，则谓之圣人。所谓尽物者，谓其能尽通乎物理也。人所以能通乎物理者，以人与物本是一也。故曰："神无所在，无所不在。至人与他心通者，以其本一也。"

邵子之学，一言蔽之，曰：观察物理而已。其《观物外篇》中，推论物理之言颇多。虽多不足据（如云："动者体衡，植者体纵，人宜衡而反纵。"以是为人所以异于动物。又云："指节可以观天，掌文可以察地。"又曰："天之神栖于日，人之神栖于目。人之神，寝则栖心，寤则栖肾，所以象天也。"以是比拟天人，自今日观之，俱觉可笑），然在当日，自不失为一种推论也。夫推论物理，极其所至，亦不过明于事物之原理而已。何益？曰：不然，果能明于事物之理，则人之所以自处者，自可不烦言而解。其道惟何？亦曰："循理"而已。宇宙之原理，天则也；发现宇宙之原理而遵守之，则所谓循理者也。故程朱循理之说，亦与邵子之学相通也。《观物内外篇》中，论循理之言颇多。如曰："自然而然者，天也。惟圣人能索之。效法者，人也。若时行时止，虽人也亦天。""刘绚问无为。对曰：时然后言，人不厌其言；时然后笑，人不厌其笑；时然后取，人不厌其取。此所谓无为也。"（此与周子"非不动为静，不妄动为静"之意同。）皆是。循理之要，在于无我。故曰："以物观物，性也。以我观物，情也。性公而明，情偏而暗。"又曰："任我则情，情则蔽，蔽则昏矣。因物则性，性则神，神则明矣。"又曰："以物喜物，以物悲物，此发而中节者也。"又曰："时然后言，乃应变而言，不在我也。"又曰："不我物，则能物物。"又曰:“易地而处，则无我。”夫人我何以不可分?以其本不可分也。人我何以本不可分?以其本是一也。何以本一?曰:神为之也。故曰:“形可分，神不可分。木结实而人种之，又成是木，而结是实。木非旧木也，此木之神不二也。此实生生之理也。”又曰:“人之神，则天地之神。人之自欺，所以欺天地，可不慎哉!”此邵子本其哲学，所建立之人生观也。

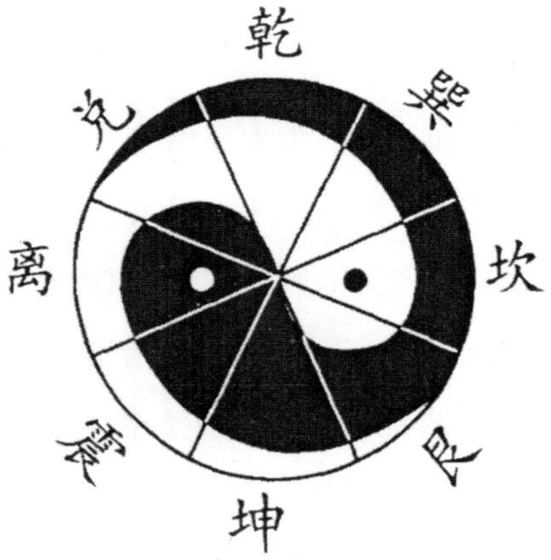

《古太极图》

《先天图》亦曰《太极图》，后人谓之天地自然之图，又谓之太极真图

邵子之学，其原亦出于道家。宋时有所谓《先天图》及《古太极图》者。《先天图》见赵㧑谦（㧑谦，字古则，余姚人。宋宗室。别号古老先生。《名山藏》作赵谦。云洪武初聘修《正韵》）《六书本义》云：此图世传蔡元定得之蜀隐者，秘而不传。虽朱子亦莫之见。今得之陈伯敷氏。《古太极图》，见赵仲全《道学正宗》（盖以濂溪有《太极图》，故加古字以别之。）乃就《先天图》界之为八。宋濂曰："新安罗端良愿，作阴阳相含之象，就其中八分之，以为八卦，谓之《河图》。用井文界分九宫，谓之《洛书》。言出青城隐者。"正即此图也。

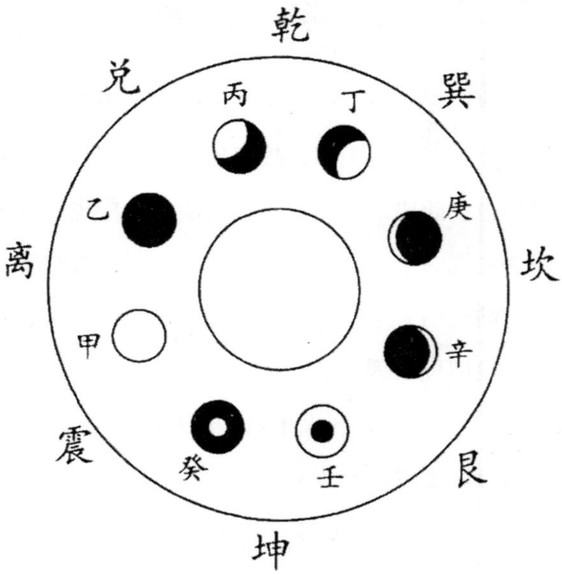

胡朏明曰：此二图，盖合二用、三五、月体纳甲、九宫、

八卦而一之者。盖就《古太极图》所界分者而观之：则上方之全白者即乾，下方之全黑者即坤。左方下白上黑，黑中复有一白点者当离；右方下黑上白，白中复有一黑点者当坎。乾之左，下二分白、上一分黑者为兑；其右，下一分黑、上二分白者为巽。坤之左，下一分白、上二分黑者为震；其右，下二分黑、上一分白者为艮。所谓与八卦相合也。八卦分列八方，而虚其中为太极，所谓与九宫相合也。（案全图为太极。左白右黑相向互为两仪。白中有黑，黑中有白，合为四象。界而分之，则成八卦。）月体纳甲，出魏伯阳《参同契》。以月之明魄多少，取象于卦画，而以所见之方，为所纳之甲。震一阳始生，于月为生明，三日夕出于庚，故曰震纳庚。谓一阳之气，纳于西方之庚也。兑二阳为上弦，八日夕见于丁，故曰兑纳丁。谓二阳之气，纳于南方之丁也。乾纯阳，望，十五夕，盈于甲，故曰乾纳甲。谓三阳之气，纳于东方之甲也。此望前三候，阳息阴消之月象也。巽一阴始生，于月为生魄。十六旦，明初退于辛，故曰巽纳辛。谓以一阴之气，纳于西方之辛也。退二阴为下弦。二十三旦，明半消于丙，故曰艮纳丙。谓二阴之气，纳于南方之丙也。坤纯阴为晦。三十旦，明尽灭于乙，故曰坤灭乙。谓三阴之气，纳于东方之乙也。此望后三候，阳消阴息之象也。乾纳甲而又纳壬，坤纳乙而又纳癸者？谓乾之中画，即太阴之精。望夕夜半，月当乾，纳其气于壬方，地中对月之日也。坤之中画，即太阳之精。晦朔之间，日在坤，纳其气于癸方，地中合日之月也。徐敬可曰："望夕之阳，既盈于甲矣，其夜半，日行至壬，而与月为衡。月中原有阴魄，所谓离中一阴者。平时含蕴不出，至是流为生阴之本，故其象为☉，即望夕夜半壬方之日也。晦旦之阳，既尽于乙矣，其夜半，日行至癸，而与月同躔。月中原有阳精，所谓坎中一阳者。平时胚浑不分，至是发为生阳之本，故其象为⊙，即晦朔间癸方之月也。离为日，日生于东，故离位乎东。坎为月，月生于西，故坎位乎西。至望夕，则日西月东，坎离易位。其离中一阴，即是月魄；坎中一阳，即是日光；东西正对，交位于中；此二用之气，所以纳戊己也。"此盖仍方家修炼，注重坎离之故智，太极图白中黑点，黑中白点，即其义也。胡氏谓："此图盖真出希夷，儒者受之，自种放后，皆有所变通恢廓，非复希夷之旧。蜀之隐者，为得其本真。故朱子属蔡季通入峡求之。"案朱子属季通入峡购得《三图》，见袁氏桷《谢仲直易三图序》。而其图仍不传。胡氏谓此必其一，未知信否。然谓邵子之学，源出此图，则说颇近之以此图与《先天次序》《卦位图》，若合符节也。此可见邵子之学，源出道家矣。黄黎洲《易学象数论》曰："乾南坤北，实养生家大旨。谓人身本具天地，因水润火炎，会易交易，变其本体，故令乾之中画，损而成离；坤之中画，塞而成坎。是后天使然。今有取坎填离之法：挹坎水一画之奇，归离火一画之耦。如炼精化气、炼气化神之类，益其所不足，离得固有也。凿窍丧魄，五色五声五味之类，损其所有余，坎去本无也。离复返为乾，坎复返为坤，乃先天之南北也。养生所重，专在水火。比之天地，既以南北置乾坤，坎离不得不就东西。”尤可见道家之说所自来。然邵子之学，自与养生家异。用其图作蓝本，亦犹周子之借用《太极图》耳。不得以此，遂诬邵子为方士之流也。

横渠之学

周、程、张、邵五子中，惟邵子之学，偏于言数；周、张、二程，则学问途辙，大抵相同。然伊川谓横渠："以大概气象言之，有苦心极力之象，而无宽裕温和之气。非明睿所照，而考索至此，故意屡偏而言多窒。"朱子亦谓："若论道理，他却未熟。"后人之尊张，遂不如周、程。然理学家中规模阔大，制行坚卓，实无如张子者。张子之学，合天地万物为一体，而归结于仁。闻人有善，喜见颜色。见饿莩，辄咨嗟，对案不食者经日。尝以为欲致太平，必正经界，欲与学者买田一方试之，未果而卒。是真能以民胞物与为怀者。其言曰："学必如圣人而后已。知人而不知天，求为贤而不求为圣，此秦汉以来学者之大蔽。"又曰："此道自孟子后，千有余岁。若天不欲此道复明，则不使今日有知音者。既使人有知者，则必有复明之理。"其自任之重为何如？又曰："言有教，动有法。昼有为，宵有得。息有养，瞬有存。"其自治之密为何如？朱子谓："横渠说做工夫处，更精切似二程。"又谓："横渠之学，是苦心得之，乃是致曲，与伊川异。"则其克治之功，实不可诬也。朱子又曰："明道之学，从容涵泳之味洽。横渠之学，苦心力索之功深。”又谓：“二程资禀，高明洁净，不大段用工夫。横渠资禀，有偏驳夹杂处，大段用工夫来。”似终右程而左张。此自宋儒好以圣贤气象论人，故有此语。其实以规模阔大、制行坚卓论，有宋诸家，皆不及张子也。张子之言曰：“为天地立心，为生民立命，为往圣继绝学，为万世开太平。”此岂他人所能道哉？

横渠之学，所以能合天地万物为一者，以其谓天地万物之原质唯一也。此原质惟何？曰：气是已。横渠之言曰：“凡可状皆有也，凡有皆象也，凡象皆气也。”又曰：“大和所谓道，中涵浮沉、升降、动静相感之性；是生絪缊相荡、胜负屈伸之始。其来也，几微易简；其究也，广大坚固。散殊而可象为气，清通而不可象为神。”神也，道也，气也，一物而异名。宇宙之间，惟此而已。宇宙本体，亦此而已。

一非人所能识。宇宙本体，既惟是一气，何以能入认识之域乎？以其恒动故也。宇宙之本体唯一，动则有絪缊相荡、胜负屈伸之可见，而入于现象界矣。故曰：“气，块然太虚。升降飞扬，未尝止息。”又曰：“气聚则离明得施而有形，气不聚则离明不得施而无形。”（谓聚则可见，散则不可见也。不可见而已，非无。）又曰：“气不能不聚而为万物，万物不能不散而为太虚。”（太虚即气之散而不可见者，非无。）夫如是，则所谓有无者，特人能认识不能认识，而非真有所谓有无。故曰：“气之聚散于太虚，犹冰之凝释于水。知太虚即气则无无。圣人语性与天道之极，尽于参伍之神，变易而已。诸子浅妄，有有无之分，非穷理之学也。”（案诸子亦未尝分有无为二，此张子之误。朱子谓：“濂溪之言有无，以有无为一。老子之言有无，以有无为二。”五千言中，曷尝有以有无为二者耶？）又云：“圣人仰观俯察，但云知幽明之故，不云知有无之故。”所谓幽明，即能认识、不能认识之谓也。

知天下无所谓无，则生死之说，可不烦言而解。故曰：“气之为物，散入无形，适得吾体；聚为有象，不失吾常。”（此言质力无增减。）“太虚不能无气，气不能不聚而为万物，万物不能不散而为太虚。循是出入，是皆不得已而然也。”（此言质力之变化，一切皆机械作用。）“彼语寂灭者，往而不反（此辟佛。然佛之所谓寂灭者，实非如张子所辟。要之宋儒喜辟二氏，然于二氏之言，实未尝真解）；徇生执有者，物而不化（此辟流俗）。二者虽有间矣，以言乎失道则均焉。聚亦吾体，散亦吾体，知死之不亡者，可与言性矣。”（张子之意，个体有生死，总体无所谓生死。个体之生死，则总体一部分之聚散而已。聚非有，散非无，故性不随生死为有无。故深辟告子“生之为性”之说，以为“不通昼夜之道”。然告子之意，亦非如张子所辟，亦张子误也。如张子之说，则死生可一。故曰：“尽性，然后知生无所得，则死无所丧。”）

生死之疑既决，而鬼神之疑随之。生死者，气之聚散之名；鬼神者，气之聚散之用也。张子之言曰：“鬼神者，往来屈伸之义。”又曰：“鬼神者二气之良能也。”盖以往而屈者为鬼，来而伸者为神也。又详言之曰：“动物本诸天，以呼吸为聚散之渐；植物本诸地，以阴阳升降为聚散之渐。物之初生，气日至而滋息；物生既盈，气日反而游散。至之为神，以其伸也；反之为鬼，以其归也。”然则鬼神者，非人既死后之名，乃其方生方死、方死方生之时，自然界一种看似两相反对之作用之名耳。然则鬼神者，终日与人不相离者也。然则人即鬼神也。然则盈宇宙之间，皆鬼神也。此论至为微妙。理学家之论鬼神，无能越斯旨者。

鬼神与人为一体，则幽明似二而实一。幽明似二而实一，则隐微之间，不容不慎。故曰：“鬼神尝不死，故诚不可掩。人有是心，在隐微，必乘间而见。故君子虽处幽独，防亦不懈。”夫鬼神所以与人为一体者，以天地万物，本系一体也。故曰：“知性知天，则阴阳鬼神，皆吾分内耳。”此张子由其宇宙观，以建立其人生观者也。

宇宙之间，惟是一气之运动。而自人观之，则有两端之相对。唯一者本体，两端相对者，现象也。故曰：“一物而两体，其太极之谓与？”又曰：“一物两体，气也。一故神，两故化。”又曰：“两不立，则一不可见。一不可见，则两之用息。两体者，虚实也，动静也，聚散也，清浊也其究一而已。”

所谓现象者，总括之为阴阳两端；细究之，则亿兆京垓而未有已也。故曰：“游气纷扰，合而成质者，生人物之万殊。其阴阳两端，循环不已者，立天地之大义。”又曰：“气块然太虚，升降飞扬，未尝止息。浮而上者阳之清，降而下者阴之浊。其感遇聚散，为风雨，为霜雪。万品之流形，山川之融结，糟粕煨烬，无非教也。”（张子之学，虽与邵子异，然格物之功，亦未尝后人。张子曰：“地纯阴，凝聚于中。天浮阳，运旋于外。”又曰：一阴性凝聚，阳性发散。阴聚之，阳必散之。阳为阴累，则相持为雨而降；阴为阳得，则飘扬为云而升。云物班布太虚者，阴为风驱，敛聚而未散者也。阴气凝聚，阳在内者不得出，则奋击而为雷霆；在外者不得入，则周旋不舍而为风。其聚有远近虚实，故雷风有大小暴缓。和而散，则为霜雪雨露；不和而散，则为戾气曀霾。又曰：“声者，形气相轧而成。两气者，谷响雷声之类；两形者，桴鼓叩击之类。形轧气，羽扇敲矢之类；气轧形，人声笙簧之类。”皆其格物有得之言。自今日观之，虽不足信，然亦可见其用心之深矣。○敲矢，《庄子》作嚆矢，即鸣镝，今响箭也。）

既知宇宙之间，惟有一气，则一切现象，本来平等，无善恶之可言。然清虚者易于变化，则谓之善；重浊者难于变化，则谓之恶。又以寂然不动者为主，纷纭变化者为客。此等思想，哲学家多有之。盖以静为本体，动为现象。本体不能谓之恶，凡恶，皆止可归诸现象界也。张子亦云：“太虚无形，气之本体。其聚其散，变化之客形耳。至静无感，性之渊源。有识有知，物交之客感耳。客感客形，与无感无形，惟尽性者能一之。”又曰：“太虚为清，清则无碍，无碍故神。反清为浊，浊则碍，碍则形。”又曰：“凡气清则通，昏则壅，清极则神。”又曰：“凡天地法象，皆神化之糟粕。”盖凡有形可见者，皆不足当本体之名也。

认识所及，莫非纷纭之现象也，何以知其为客，而别有渊然而静者为之主？以其动必有反，而不差忒，如久客者之必归其故乡也。故曰：“天地之气，虽聚散攻取百途，然其为理也，顺而不妄。”又曰：“天之不测谓之神，神之有常谓之天。”然则纷纭错杂者现象，看似纷纭错杂，而实有其不易之则者，本体也。现象之变化，不啻受制驭于本体矣。故曰：“气有阴阳，推行有渐为化，合一不测为神。”

张子之论天然如此。其论人，则原与天然界为一物。盖宇宙之间，以物质言，则惟有所谓气，人固此气之所成也。以性情言，则气之可得而言者，惟有所谓浮沉升降、动静相感之性，而此性即人之性也。故人也者，以物质言，以精神言，皆与自然是一非二也。张子之言曰：“气于人：生而不离，死而游散者为魂。聚成形质，虽死而不散者为魄。”然则魂也者，即清而上浮之气；魄也者，即浊而下降之气也。又曰：“气，本之虚，则湛一无形。感而生，则聚而有象。有象斯有对，对必反其为。有反斯有仇，仇必和而解。故爱恶之情，同出于太虚，而卒归于物欲。倏而生，忽而成，不容有毫发之间。”此言人之情感，亦即自然界之物理现象也。故断言之曰：“由太虚，有天之名；由气化，有道之名。合虚与气，有性之名。合性与知觉，有心之名。”又曰：“惟屈伸动静始终之能，一也。故所以妙万物而谓之神，通万物而谓之道，体万物而谓之性。”天也，道也，性也，其名虽异，其实则一物也。一元之论至此，可谓毫发无遗憾矣。

人之性与物之性是一，可以其善感验之。盖宇宙之间，惟有一气，而气升降飞扬，未尝止息。其所以不止息者，以其有动静相感之性也。而人亦然。故曰：“感者性之神，性者感之体。”又曰：“天所不能自已者为命，不能无感者为性。”夫人与物相感，犹物之自相感也。此即所谓天道也。故曰：“天性，乾坤阴阳也。二端故有感，本一故能合。”“天地生万物，所受虽不同，皆无须臾之不感。”所谓性即天道也。

张子以天地万物为一体，故深辟有无隐显、歧而为二之论，其言曰：“知虚空即气，则有无隐显，神化性命，通一无二。若谓虚能生气，则虚无穷、气有限，体用殊绝，入老氏有生于无，自然之论。若谓万象为太虚中所见之物，则物与虚不相资；形自形，性自性；形性天人不相待，陷于浮屠以山河大地为见病之说。”以如是，则人与自然，不能合为一体也。（释老之言，实非如此，又当别论。）

张子以人与天地万物为一体。夫天地万物，其本体至善者也。而人何以不能尽善？曰：张子固言之矣：“太虚为清，清则无碍，无碍则神。反清为浊，浊则碍，碍则形。”人亦有形之物，其所以不免于恶者，正以其不能无碍耳。张子曰：“性通乎气之外，命行乎气之内。”性通乎气之外，谓人之性，与天地万物之性是一，故可以为至善。命行乎气之内，命指耳之聪、目之明，知慧、强力等言，不能不为形体所限，人之所以不能尽善者以此。夫“性者，万物一源，非有我之所得而私也。”然既寓于我之形，则不能不借我之形而现。我之形不能尽善，而性之因形而现者，遂亦有不能尽善者焉。此则张子所谓气质之性也。气质之性，所以不能尽善者，乃因性为气质所累而然，而非性之本不善。犹水然，因方为圭，遇圆成璧；苟去方圆之器，固无圭璧之形。然则人能尽除气质之累，其性固可以复于至善。故曰：“形而后有气质之性。善反之，则天地之性存焉。故气质之性，君子有弗性者焉。”又曰：“性于人无不善，系其善反与不善反而已。”

人之性，善反之，固可以复于至善。然既云性为气质所限，则其能反与否，自亦不能无为气质所拘。故曰：“凡物莫不有是性。由通蔽开塞，所以有人物之别。由蔽有厚薄，故有智愚之别。塞者牢不可开。厚者可以开，而开之也难。薄者开之也易。”又曰：“上智下愚，习与性相远既甚而不可变者也。”横渠论性之说，朱子实祖述之。其说与纯粹性善之说，不能相容。为理学中一重公案。

气质何以为性累？张子统括之曰：“攻取之欲”，“计度之私”。前者以情言，后者以智言也。人之性，即天地之性；天地之性固善感；使人之感物，亦如物性之自然相感，而无所容心于其间，固不得谓之不善。所以不善者，因人之气质，不能无偏，遂有因气质而生之欲，如“口腹于饮食，鼻舌于臭味”是。所谓“湛一气之本，攻取气之欲”也。既有此欲，必思所以遂之，于是有“计度之私”。抑且不必见可欲之物，而后计度以取之也；心溺于欲，则凡耳目所接，莫不惟可欲是闻，可欲是见；而非所欲者，则倾耳不闻，熟视无睹焉。所谓“见闻之知，乃物交而知，非德性所知”也。甚有无所见闻，亦凭空冥想者，则所谓“无所感而起者妄也”。凡若此者，总由于欲而来，故又可总括之曰“人欲”。对人欲而言，则曰“天理”。故曰：“徇物丧心，人化物而灭天理者与？”又曰：“德不胜气，性命于气；德胜其气，性命于德。穷理尽性，则性天德，命天理。气之不可变者，独死生寿夭而已。”又曰：“为学大益，在自能变化气质”也。分性为气质之性、义理之性，又以天理人欲对举，皆理学中极重要公案。而其源，皆自张子发之。张子之于理学，实有开山之功者也。

反其性有道乎？曰：有。为性之累者气质，反其性者，去其气质之累而已。去气质之累如之何？曰：因气质而生者欲，去气质之累者，去其心之欲而已。故曰：“不识不知，顺帝之则。有思虑知识，则丧其天矣。”又曰：“无所感而起，妄也。感而通，诚也。计度而知，昏也。不思而得，素也。”又曰：“成心者，意之谓与？成心忘，然后可与进于道。”

此等功夫，贵不为耳目等形体所累，而又不能不借形体之用。故曰：“世人之心，止于闻见之狭。圣人尽性，不以闻见牿其心。”又曰：“耳目虽为心累，然合内外之德，知其为启之之要也。”夫不蔽于耳目，而又不能不用耳目，果以何为主乎？曰：主于心。主于心以复其性。张子曰：“心统性情者也。”与天地合一者谓之性，蔽于耳目者谓之情。心能主于性而不为情之所蔽，则善矣。故曰：“人病以耳目见闻累其心，而不务尽其心。尽其心者，必知心所从来而后能。”夫心所从来，则性之谓也。

能若此，则其所为，纯乎因物付物，而无我之见存。所谓“不得已而后为，至于不得为而止”也。人之所以不善者，既全由乎欲，则欲之既除，其所为自无不善。故曰：“不得已，当为而为之，虽杀人，皆义也。有心为之，虽善，皆意也。”盖所行之善恶，视其有无欲之成分，不以所行之事论也。故无欲即至善也。故曰：“无成心者，时中而已矣。”又曰：“天理也者，时义而已。君子教人，举天理以示之而已。其行已，述天理而时措之者也。”

人之所为，全与天理相合，是之谓诚。《中庸》曰：“诚者，天之道也。思诚者，人之道也。”张子曰：“天所以长久不已之道，乃所谓诚。”所谓诚者，天之道也。又曰：“屈伸相感而利生，感以诚也。情伪相感而利害生，杂之伪也。至诚则顺理而利，伪则不循理而害。”又曰：“诚有是物，则有终有始。伪实不有，何终始之有？”所谓思诚者人之道也。张子曰：“天人异用，不足以言诚。天人异知，不足以尽明。所谓诚明者，性与天道，不见乎大小之别也。”谓在我之性，与天道合也。夫是之谓能尽性。能尽性，则我之所以处我者，可谓不失其道矣。夫是之谓能尽命。故曰："性其总，命其受。不极总之要，则不尽受之分。"故尽性至命，是一事也。夫我之性，即天地人物之性。性既非二，则尽此即尽彼。故曰："尽其性者，能尽人物之性。至于命者，亦能至人物之命。"然则成己成物，以至于与天地参，又非二事也。此为人道之极致，亦为修为之极功。

此种功力，当以精心毅力行之，而又当持之以渐。张子曰："神不可致思，存焉可也。化不可助长，顺焉可也。"又曰："穷神知化，乃养盛自致，非思勉之能强。故崇德而外，君子未之或知也。"又曰："心之要，只是欲平旷。熟后无心，如天简易不已。今有心以求其虚，则是已起一心，无由得虚。切不得令心烦。求之太切，则反昏惑。孟子所谓助长也。孟子亦只言存养而已。此非可以聪明思虑，力所能致也。"张子之言如此，谓其学，由于苦思力索，非养盛自致，吾不信也。

张子之学，以天地万物为一体，故其道归结于仁。故曰："性者，万物一源，非有我所得私也。惟大人为能尽其性，故立必俱立，知必周知，爱必兼爱，成不独成。"盖不如是，不足以言成已也。故曰："天体物而不遗，犹仁体事而无不在也。礼仪三百，威仪三千，无一物而非仁也。"张子又曰："君子于天下，达善达不善，无物我之私。遁理者共悦之，不循理者共攻之。攻之，其过虽在人，如在己不忘自讼。其悦之，善虽在己，盖取诸人，必以与人焉。善以天下，不善以天下。”又曰:“正己而物正，大人也。正己以正物，犹不免有意之累也。有意为善，利之也，假之也。无意为善，性之也，由之也。”浑然不见人我之别，可谓大矣。

以上引张子之言，皆出《正蒙》及《理窟》。而张子之善言仁者，尤莫如《西铭》。今录其辞如下。《西铭》曰:“乾称父，坤称母。予兹藐焉，乃混然中处。故天地之塞吾其体，天地之帅吾其性。民吾同胞，物吾与也。大君者，吾父母宗子，其大臣，宗子之家相也。尊高年，所以长其长；慈孤弱，所以幼其幼。圣其合德，贤其秀也。凡天下疲癃残疾，茕独孤寡，皆吾兄弟之颠连而无告者也。于时保之，子之翼也。乐且不忧，纯乎孝者也。违曰悖德，害仁曰贼。济恶者不才，其践行，维肖者也。知化则善述其事，穷神则善继其志。不愧屋漏为无忝，存心养性为匪懈。恶旨酒，崇伯子之顾养。育英才，颍封人之锡类。不弛劳而底豫，舜其功也。无所逃而待烹，申生其恭也。体其受而全归者参乎？勇于从而顺令者，伯奇也。富贵福泽，将厚吾之生也。贫贱忧戚，庸玉汝于成也。存吾顺事，没吾宁也。”寥寥二百余言，而天地万物为一体，不成物不足以言成己，成己即所以成物之旨，昭然若揭焉。可谓善言仁矣。

杨龟山寓书伊川，疑《西铭》言体而不及用，恐其流于兼爱。伊川曰:“《西铭》理一而分殊，墨氏则二本而无分。子比而同之，过矣。”刘刚中问:“张子《西铭》与墨子‘兼爱’何以异？”朱子曰：“异以理一分殊。一者一本，殊者万殊。脉络流通，真从乾父坤母源头上连贯出来。其后支分派别，井井有条。非如夷之爱无差等。且理一体也，分殊用也。墨子‘兼爱’，只在用上施行。如后之释氏，人我平等，亲疏平等，一味慈悲。彼不知分之殊，又恶知理之一哉？”释氏是否不知分殊，又当别论。而张子之学，本末咸备，体用兼该，则诚如程朱之言也。

惟其如是，故张子极重礼。张子曰：“生有先后，所以为天序。小大高下，相并而相形焉，是为天秩。天之生物也有序，物之既形也有秩。知序然后经正，知秩然后礼行。”盖义所以行仁，礼所以行义也。张子又曰：“世学不讲，男女从幼便骄惰坏了。到长，益凶狠。只为未尝为子弟之事，则于其亲，已有物我，不肯屈下。病根常在，又随所居而长，至死只依旧。为子弟，则不能安洒扫应对。在朋友，则不能下朋友；有官长，则不能下官长；为宰相，则不能下天下之贤。甚则至于徇私意，义理都丧，也只为病根不去，随所居所接而长。人须一事事消了病，则义理常胜。”又曰：“某所以使学者先学礼者？只为学礼，便除去了世俗一副当习熟缠绕。譬之延蔓之物，解缠绕即上去。上去，即是理明矣，又何求？苟能除去一副当世习，便自然洒脱也。”可见张子之重礼，皆所以成其学。非若俗儒拘拘，即以节文之末，为道之所在矣。张子教童子以洒扫应对进退。女子未嫁者，使观祭祀，纳酒浆。其后学，益酌定礼文，行之教授感化所及之地。虽所行未必尽当，然其用意之善，则不可没也。张子曰：“天下事大患，只是畏人非笑。不养车马，食粗衣恶，居贫贱，皆恐人非笑。不知当生则生，当死则死。今日万钟，明日弃之；今日富贵，明日饥饿；亦不恤，惟义所在。”今日读之，犹想见其泰山岩岩，壁立万仞之气象焉。吾师乎！吾师乎！百世之下，闻者莫不兴起也。

明道伊川之学

——程之性质，虽宽严不同（二程之异，朱子“明道弘大，伊川亲切”一语，足以尽之。大抵明道说话较浑融，伊川则于躬行之法较切实。朱子喜切实，故宗伊川。象山天资高，故近明道也），然其学问宗旨，则无不同也。故合为一篇讲之。

欲知二程之学，首当知其所谓理气者。二程以凡现象皆属于气。具体之现象固气也，抽象之观念亦气。必所以使气如此者，乃谓之理。大程曰“有形总是气，无形是道”；小程曰“阴阳气也，所以阴阳者道”是也。（非谓别有一无形之物，能使有形者如此。别有一所以阴阳者，能使阴阳为阴阳。乃谓如此与使之如此者，其实虽不可知，然自吾曹言之，不妨判之为二耳。小程曰：“冲穆无朕，万象森然已具。未应不是先，已应不是后。如百尺之木，自根本至枝叶，皆是一贯。不可上面一段，是无形无兆，却待人安排引出来。”此言殊有契于无始无终之妙。若谓理别是一物，而能生气，则正陷于所谓安排引出来者矣。或谓程子所谓理能生气，乃谓以此生彼，如横渠所讥，“虚能生气，虚无穷，气有限，体用殊绝”者，乃未知程子之意者也。〇程子所以歧理气为二者，盖以言气不能离阴阳，阴阳已是两端相对，不足为宇宙根源，故必离气而言理。亦犹周子于两仪之上，立一太极也。小程曰："寂然不动，感而遂通，此已言人分上事。若论道，则万理皆具，更不说感与未感。"其意可见。然以阴阳二端，不足为世界根源，而别立一冲穆无朕之事以当之，殊不如横渠之说，以气即世界之实体，而阴阳两现象，乃是其用之为得也。〇小程以所谓恶者，归之于最初之动。其言曰："天地之化，既是两物，必动已不齐。譬如两扇磨行，使其齿齐不得。齿齐既动，则物之出者，何可得齐？从此参差万变，巧历不能穷也。"盖程子之意，终以恶生于所谓两者也。夫如明道之言，"有形总是气，无形是道。"天地亦有形之物也，亦气也。天地有恶，诚不害于理之善。然理与气既不容断绝，则动者气也，使之动者理也，理既至善，何故气有不善之动？是终不能自圆其说也。故小程子又曰："事有善有恶，皆天理也。天理中物须有美恶。盖物之不齐，物之情也。"至此，则理为纯善之说，几乎不能自持矣。然以理为恶，于心究有不安。乃又委曲其词曰："天下善恶皆天理。谓之恶者本非恶，但或过或不及。"未免进退失据矣。〇又案二程之论，虽谓理气是二，然后来主理气是一者，其说亦多为二程所已见及。如"恶本非恶，但或过或不及"一语，即主理气是一者所常引用也。小程又曰："天地之化，一息不留。疑其速也，然寒暑之变甚渐。"又曰："天地之化，虽廓然无穷，然而阴阳之度，日用寒暑昼夜之变，莫不有常。此道之所以为中庸。”此二说，后之持一元论者，亦常引用之。要之二程论理气道器，用思未尝不深，而所见不如后人之莹澈。此自创始者难为功，继起者易为力也。）

职是故，伊川乃不认气为无增减，而以为理之所生。《语录》曰：“真元之气，气之所由生。不与外气相杂，但以外气涵养而已。若鱼之在水，鱼之性命，非是水为之，但必以水涵养，鱼乃得生耳。人居天地气中，与鱼在水无异。至于饮食之养，皆是外气涵养之道。出入之息者，阖辟之机而已。所出之息，非所入之气。但真元自能生气。所入之气，正当辟时，随之而入，非假外气以助真元也。若谓既反之气，复将为方伸之气，则殊与天地之化不相似。天地之化，自然生生不穷，更何资于既毙之形，既返之气。人气之生，生于贞元。天地之气，亦自然生生不穷。至如海水，阳盛而涸，及阴盛而生，亦不是将已涸之气却生水，自然能生往来屈伸，只是理也。盛则便有衰，昼则便有夜，往则便有来。天地中如洪炉，何物不销铄。”此说与质力不灭之理不合；且于张子所谓“无无”之旨，见之未莹，宜后人之讥之也。

凡哲学家，只能认一事为实。主理气合一者，以气之屈伸往来即是理。所谓理者，乃就气之状态而名之，故气即是实也。若二程，就气之表，别立一使气如是者之名为理，则气不得为实，惟此物为实审矣。故小程谓“天下无实于理者”也。

二程认宇宙之间，惟有一物，即所谓理也。宇宙间既惟此一物，则人之所禀受以为人者，自不容舍此而有他。故谓性即理。大程曰：“在天为命，在人为性，主于身为心。”（小程亦有此语）小程曰：“道与性一”是也。明道又曰：“穷理尽性，以至于命，二事一时并了。”《伊川语录》：“问人之形体有限量，心有限量否？曰：以有限之形，有限之气，苟不通之以道，安得无限量？苟能通之以道，又岂有限量？天下更无性外之物。若曰有限量，除是性外有物始得。”其所谓理者，既为脱离现状、无可指名之物，故其所谓性者，亦异常超妙，无可把捉。大程谓“生之谓性，性即气”，“人生而静以上不容说；才说性，便已不是性”是也。《伊川语录》：“季明问喜怒哀乐未发谓之中曰：当中之时，耳无闻，目无见否？曰：虽耳无闻、目无见，然见闻之理在始得。贤且说静时如何？曰：谓之无物则不可。然自有知觉处。曰：既有知觉，即是动也，怎生言静？人说《复》以静见天地之心，非也。《复》之卦，下面一画，便是动也，安得谓之静？”又：“或问先生于喜怒哀乐未发之前，下动字，下静字？曰：谓之静则可。然静中须有物始得。这是最难处。”又：“或曰：喜怒哀乐未发之前求中，可乎？曰：不可。既思于喜怒哀乐未发之前求中，却又是思也。既思即是已发，便谓之和，不可谓之中。”既思即是已发，有知觉即是动，此即明道才说性便已不是性之说。盖二程之意，必全离乎气，乃可谓之理；全离乎生，乃可谓之性也。既无闻无见，而又须有见闻之理在；谓之静，而其中又须有物；则以理气二者，不容隔绝尔。

二者既不容隔绝，而又不容夹杂，则其说只理论可有，实际无从想象矣。二程亦知其然。故于夹杂形气者，亦未尝不认为性。（以舍此性更无可见也。）大程谓“善固性，恶亦不可不谓之性”；小程谓“论性不论气不备，论气不论性不明”是也。夫如是，则二程所谓性者，空空洞洞，无可捉摸，自不得谓之恶。故二程以所谓恶者，悉归诸气质。

小程曰：“性即是理。理自尧舜至于途人一也。才禀于气。气有清浊，禀其清者为贤，禀其浊者为愚。”又曰：“气有善有不善，性则无不善。人之所以不知善者，气昏而塞之耳。”又曰：“性即理也。天下之理，原其所自来，未有不善。故凡言善恶者，皆先善而后恶；言是非者，皆先是而后非；言吉凶者，皆先吉而后凶。”《明道语录》中论性一节，号为难解，其意亦只如此。其言曰：“生之谓性，性即气，气即性，生之谓也。人生气禀，理有善恶。然不是性中元有此两物，相对而生也。有自幼而善，有自幼而恶，是气禀使然也。善固性也，恶亦不可不谓之性也。盖生之谓性；人生而静以上不容说，才说性，便已不是性也。凡人说性，只是说继之者善也。孟子言人性善是也。夫所谓继之者善也，犹水流而就下也。皆水也：有流而至海，终无所污，此何烦人力之为也；有流而未远，固已渐浊；有出而甚远，方有所浊。有浊之多者，有浊之少者。清浊虽不同，然不可以浊者不为水也。如此，则人不可以不加澄治之功。故用力敏勇则疾清，用力缓怠则迟清。其清也，却只是元来水也。亦不是将清来换却浊，亦不是取出浊来，置在一隅也。水之清，则性善之谓也。故不是善与恶在性中为两物相对，各自出来。”大程此言，谓性字有两种讲法：一告子所谓“生之谓性”，此已落形气之中，无纯善者。孟子所谓性善，亦指此，不过谓可加澄治之功耳。一则所谓人生而静以上。此时全不杂气质，故不可谓之恶。此境虽无可经验。然人之中，固有生而至善，如水之流而至海，终无所污者；又有用力澄治，能复其元来之清者。如水然。江河百川，固无不与泥沙相杂。然世间既有清澄之水；人又可用力澄治，以还水之清。则知水与泥沙，确系两物。就水而论，固不能谓之不清，而浊非水之本然矣。此人性所以可决为善，而断定其中非有所谓恶者，与善相对也。（性本至善，然人之生，鲜有不受气质之累者。不知此理，则将有性恶之疑。故小程谓“论性不论气不备，论气不论性不明”也。〇二程谓心性是一，故于心，亦恒不认其有不善。大程曰：“心本善，发于思虑，则有善有不善。既发则可谓之情，不可谓之心。”小程谓：“在天为命，在人为性，主于身为心，运用处是意。”“问上知下愚不移是性否？曰：此是才。才犹言材料，曲可以为轮，直可以为梁是也。”朱子则善横渠心统性情之说。谓“性是静，情是动，心则兼动静而言。”）

天下惟有一理。所谓性者，亦即此理。此理之性质，果何如乎？二程断言之曰仁。盖宇宙现象，变化不穷，便是生生不已。凡宇宙现象，一切可该之以生；则生之外无余事。

（生杀相对，然杀正所以为生，如冬藏所以为春生地也。故二者仍是一事。）故生之大无对。生即仁也，故仁之大亦无对。人道之本，惟仁而已。大程《识仁篇》畅发斯旨。其言曰：“仁者浑然，与物同体。义礼智信，皆仁也。识得此理，以诚敬存之而已。不须防检，不须穷索。此道与物无对，大不足以明之。天地之用，皆我之用。孟子言万物皆备于我。须反身而诚，乃为大乐。若反身未诚，犹是二物有对，以己合彼；终未有之，又安得乐。《订顽》意思，乃备言此体。（横渠铭其书室之两牖，东曰《砭愚》，西曰《订顽》。伊川更为《东铭》《西铭》。）以此意存之，更有何事？必有事焉而勿正，心勿忘，勿助长，未尝致纤毫之力，此其存之之道。若存得，便合有得。盖良知良能，元不丧失。以昔日习心未除，却须存习此心。久则可夺旧习。此理至约，惟患不能守。然既体之而乐，亦不患不能守也。”曰“与物同体”，曰“天地之用，皆我之用”，曰“万物皆备于我，苟能有之，则非复二物相对，不待以己合彼”，皆极言其廓然大公而已。无人我之界，则所谓仁也。小程曰：“仁人道，只消道一公字”，亦此意（《伊川语录》：“问仁与心何异？曰：心是就所主言，仁是就事言。”伊川以心与性为一，理与仁为一。性即理，故心即仁也。〇大程言仁，有极好者。如曰：“医书言手足痿痹为不仁，此言最善名状。仁者以天地万物为一体，莫非己也。至仁则天地万物为一身；而天地之间，品物万形，为四支百体。夫人岂有视四支百体而不爱者哉？”又曰：“仁至难言。故曰：己欲立，而立人；己欲达，而达人。能近取譬，可谓仁之方也已。如是观之，可以得仁之体。”又曰：“舍己从人最难。己者，我之所有。虽痛舍之，犹惧守己者固，而从人者轻也。”又曰：“大凡把捉不定，皆是不仁。”其言皆极勘察入微。〇明道曰：“昔受业于周茂叔，每令寻颜子、仲尼乐处，所乐何事。”《朱子语录》：“问颜子所乐何事。周子、程子终不言。先生以为所乐何事？曰：人之所以不乐者，有私意耳。克己之私，则乐矣。”尽去己私，则不分人我矣。〇《伊川语录》：“问仁与圣何以异？曰：人只见孔子言何事于仁，必也圣乎？便为仁小而圣大。殊不知仁可以通上下言之，圣则其极也。今人或一事是仁，可谓之仁。至于尽人道，亦可谓之仁。此通上下言之也。如曰：若圣与仁，则吾岂敢，则又仁与圣两大。大抵尽仁道者即是圣人，非圣人则不能尽得仁道。亦以仁为人道之极也。〇所谓“义礼智信皆仁”者，乃谓义礼智信，皆可赅于仁之中耳；非谓有仁，遂可无义礼智信也。《明道语录》曰：“仁者体也，义者用也。知义之为用而不外焉，可以语道矣。世之所论于义者皆外之。不然，则混而无别。”此数语为义礼智信皆仁之绝好注脚。盖所谓义礼智信皆仁者，谓仁者目的，义礼智信，皆其手段；手段所以达目的，故目的而外，更无余事也。外之，则义礼智信，与目的对立为二物矣。如杀以止杀，杀，义也，以止杀故乃杀，则所以行仁也。毒蛇螫手，壮士断腕，断腕，义也，行此义，正所以全其身，则仍仁也。良药苦口，忍痛而饮之，饮之，义也，亦所以全其身，则仁也。盖义之目的在仁，而其手段则与仁相反。故以仁为目的而行之，则义仍是仁。即以义为目的而行之，则竟是不仁矣。此外之之谓也。故外义即不仁也。混而无别，则又有目的而无手段，所谓妇人之仁也。其心虽仁，其事亦终必至于不仁而后已。故混而无别，亦不仁也。）

识得仁，以诚敬存之，固已，然人何缘而能识仁，亦一问题也。此理也，大程于《定性篇》发之。其言曰："所谓定者，动亦定，静亦定；无将迎无内外。苟以外物为外，牵己而从之，是以己性为有内外也。且以己性为随物于外，则当其在外时，何者为在内？是有意于绝外诱，而不知性之无内外也。既以内外为二本，则又乌可遽语定哉？夫天地之常，以其心普万物而无心；圣人之常，以其情顺万事而无情。故君子之学，莫若廓然而大公，物来而顺应。《易》曰：贞吉悔亡，憧憧往来，朋从尔思。苟规规于外诱之除，将见灭于东而生于西也。非惟日之不足，顾其端无穷，不可得而除之。人之情，各有所蔽，故不能适道。大率患在于自私而用智，自私则不能以有为为应迹，用智则不能以明觉为自然。今以恶外物之心，而求昭无物之地，是反鉴而索照也。《易》曰：艮其背，不获其身。行其庭，不见其人。孟氏亦曰：所恶于智者，为其凿也。与其非外而是内，不若内外之两忘也。两忘则澄然无事矣。无事则定，定则明，明则尚何应物之为累哉？"此篇所言，一言蔽之，因物付物而已。因物付物，而我无欲焉，则合乎天然之理。合乎天然之理，则仁矣。故诚敬存之，是识仁后事。而因物付物（不自私，不用智），则由之以识仁之道也。（此篇所言，亦为针砭学佛者而发。伊川曰："学佛者多要忘是非。是非安可忘得？自有许多道理，何事忘得？夫事外无心，心外无事。世人只为被物所役，便觉苦事多。若物各付物，便役物也。"又曰："如明鉴在此，万物毕照，是鉴之常，难为使之不照。人心能交感万物，亦难为使之不思虑。"皆与此篇意同。〇二程所谓止者，即物各付物之谓也。明道曰："知止则自定。"伊川曰："释氏多言定，圣人则言止。"〇伊川论止之理，有极精者。其言曰："人多不能止。盖人万物皆备，遇事时，各因其心之所重者，更互而出。才见得这里重，便有这事出。若能物各付物，便是不出来也。"又曰："养心莫善于寡欲。欲不必沉溺，只有所向便是欲。"又曰："外物不接，内欲不萌，如是而止，乃得止之道。有疑病者，事未至，先有疑端在心。周罗事者，先有周罗事之端在心。皆病也。"其言皆深切著明，足以使人猛省。〇伊川又曰："圣人与理为一，故无过不及，中而已矣。其他皆是以心处这个道理。故贤者常失之过，不肖者尝失之不及。"此可见因物付物，即私欲净尽之时也。）

大程之所谓定，即周子之所谓静也。盖世界纷纷，皆违乎天则之举动。若名此等举动为动，则反乎此等举动者，固可以谓之静，谓之定。故周子所谓静，大程所谓定，无二致也。虽然，周子仅言当静而已，如何而可以静，未之及也。

程子则并言所以求定之方，曰：“涵养须用敬，进学在致知。”盖当然之天则，在自悟而不容强求。若迫切求之，则即此迫切之心，已与天则为二矣。（《伊川语录》：“问吕学士言：当求于喜怒哀乐未发之前。信斯言也，恐无著摸。如之何而可？曰：看此语如何地下。若言存养于喜怒哀乐未发之时则可；若言求中于喜怒哀乐未发之时则不可。又问：学者于喜怒哀乐发时，固当勉强裁抑。于未发之前，当如何用功？曰：未发之前，更怎生求？只平日涵养便是。”又：“伊川曰：志道恳切，固是诚意。若迫切不中理，则反为不诚。盖实理中自有缓急，不容如是之迫。”〇明道曰：“中者，天下之大本。天地之间，亭亭当当，直上直下之正理。出则不是。惟敬而无失最尽。”亦涵养须用敬之意也。）故识得此理之后，在此以勿忘勿助之法存之也。（勿忘者不离乎此之谓。勿助者，不以人力强求，以致反离乎此之谓也。）此即程子所谓敬也。然此为识得天则后事，至于未识天则之前，欲求识此天则，则当即物而求其理。此则程子所谓致知也。故定者（周子之静），目的；主敬致知，则所以达此目的也。故程氏之学脉，实上承周子；而其方法，则又较周子加详也。

“涵养须用敬，进学在致知”二语，为伊川之宗旨。朱子亟称之。然其说实已备于明道。故二程之性质虽异，其学术则一也。明道论敬之语，已见前。伊川于此，发挥尤为透彻。其言曰：“有主则虚，虚则邪不能入。无主则实，实则物来夺之。今夫瓶罂，有水实内，则虽江海之侵，无所能入，安得不虚？无水于内，则淳注之水，不可胜注，安得不实？大凡人心不可二用。用于一事，他事便不能入，事为之主也。事为之主，尚无思虑纷扰之患。若主于敬，又焉有此患乎？（所谓‘闲邪则诚自存，主一则不消闲邪’也）所谓敬者，主一之谓敬。所谓一者，无适之谓一。且欲涵泳主一之义。一则无二三矣。但存此涵养，久之，自然天理明。”程子所谓主一，乃止于至当，而无邪思杂念之谓。故其所谓一者，初非空空洞洞，无所着落。《伊川语录》：“或问思虑果出于正，亦无害否？曰：且如宗庙则主敬，朝廷则主庄，军旅则主严，此是也。若发不以时，纷然无度，虽正亦邪。”如此说，则强系其心于一物；或空空洞洞，一无着落者，皆不得为思之正。何则？所谓一物者，初非随时随地所当念，而随时随地，各有其所当念之事，原亦不当落入空寂故也。《伊川语录》又载伊川语曰：“张天祺尝自约：上着床，便不得思量事。不思量事后。须强把这心来制缚；亦须寄寓在一个形像，皆非自然。君实只管念个中字，则又为中系缚。愚夫不思虑，冥然无知。此过与不及之分也。”周子所谓静，本系随时随地、止于至当之谓，非谓虚寂。然学者每易误为虚寂。易之以主敬，则无此弊矣。故主敬之说，谓即发明周子主静之说可；谓补周子之说末流之弊而救其偏，亦无不可也。故伊川又郑重而言之曰：“敬则自虚静。不可把虚静唤作敬。”（虚寂之静固有弊。然恒人所患，究以纷扰为多。故学道之始，宜使之习静，以祛尘累而见本心。此非使之入于虚寂也。故伊川每见人静坐，辄叹其善学。○初学敬时，虽须随时检点，留意于主一。及其后，则须自然而然，不待勉强。否则有作意矜持之时，必有遗漏不及检点之处矣。故伊川又谓“忘敬而后无不敬”也。○“诚敬”二字，义相一贯。盖诚即真实无妄之谓，敬即守此真实无妄者而不失之谓也。一有不敬，则私意起；私意起，即不诚矣。《伊川语录》：“季明曰：昞尝患思虑不定；或思一事未了，他事如麻又生，如何？曰：不要。此不诚之本也。”令人悚然。）

致知之说，欲即事物而求其理，颇为阳明学者所訾。今之好言科学者，又颇取其说。其实二程所谓致知，不尽如阳明学者所讥，亦非今世所谓科学之致知也。致知之说，亦发自明道。《伊川语录》：“问不知如何持守？曰：且未说到持守。持守甚事？须先在致知”是也。明道训“致知在格物”之格为至。谓穷理而至于物，则物理尽。伊川则训格为穷，训物为理。谓格物犹言穷理。意亦相同。伊川云：“若只守一个敬，不知集义，却是都无事也。且如欲为孝，不成只守个孝字，须知所以为孝之道。所以奉侍当如何，温凊当如何，然后能尽孝道也。”与后来阳明之说正相反。又曰：“学者先要会疑。”又曰：“人思如泉涌，汲之愈新。”又曰：“不深思而得者，其得易失。”又：“问人有志于学，然知识蔽锢，力量不至，则如之何？曰：只是致知。若致知，则知识当渐明。不会见人有一件事，终思不到也。知识明，则力量自进。”其视致知之重，而劝人以致思如此。明道谓：“知至则便意诚。不诚，皆知未至耳。”伊川曰:“勉强行者，安能持久？除非烛理明，自然乐循理。”又曰:“人谓要力行，亦只是浅近语。人既能知见，岂有不能行？”一若行全系于知；既知，则行更无难者。不独主阳明之学者訾之，即从常识立论者，亦多疑之。然二程之所谓知，实非常人之所谓知也。常人所谓知者，不过目击耳闻，未尝加以体验，故其知也浅。二程所谓知，则皆既经身验，而确知其然者也，故其知也深。伊川曰:“知有多少般，煞有浅深。向亲见一人，曾为虎所伤，因言及虎，神色便变。旁有数人，见他说虎，非不知虎之猛、可畏，然不如他有畏惧之色。盖真知虎者也。学者深知亦如此。且如脍炙，贵公子与野人，皆知其美。然贵人闻着，便有欲嗜脍炙之色。野人则不然。学者须是真知。才知得，便泰然行将去也。”又曰:“如曾子易箦，须要如此乃安。人不能若此者，只为不见实理。实理得之于心，自别。若耳闻口道，心实不见。若见得，必不肯安于所不安。”又曰:“古人有捐躯殒命者。若不实见得，乌能如此？须是实见得生不重于义，生不安于死也，故有杀生成仁者。只是成就一个是而已。”又曰:“执卷者莫不说礼义。王公大人，皆能言轩冕外物。及其临利害，则不知就义理，却就富贵。如此者，只是说得，不实见。”凡此所谓知者，皆身体力行后之真知灼见，非口耳剿袭者比。故伊川谓“闻见之知，非德性之知”，而訾世之所谓博学多闻者，皆闻见之知也。盖二程所谓致知者，原系且实行，且体验，非悬空摸索之谓也。然则其所谓知者，实在行之后矣。安得以流俗知而不行之知识之哉？故曰：二程之致知，不尽如阳明学者所讥也。（知行二者，真切言之，固亦难分先后。然自理论言之，固可谓知在先、行在后，此则人之言语思想，不得不然者也。伊川谓“譬如行路，须是光照”，即此理。〇不知而行，往往有貌是而实非者。《伊川语录》：“到底须是知了方能行。若不知，只是觑了尧，学他行事。无尧许多聪明睿智，怎生得如他动容周旋中礼”是也。〇用过此等工夫后，自然有真知灼见，与常人不同。故小程谓为人处世，闻见事无可疑，多少快活也。）至谓二程之致知，非今世科学所谓致知者，则以其所言，多主道德，不主知识。明道曰：“良知良能，皆出于天，不系于人。人莫不有良知。惟蔽于人欲，乃亡天德。”伊川曰：“致知在格物，非由外铄我也，我固有之也。因物而迁，迷而不悟，则天理灭矣。故圣人欲格之。”其所谓知者可知。故伊川又曰：“致知但知止于至善，如为人子止于孝，为人父止于慈之类，只务观物理。正如游骑无归。”又曰：“物我一理，才明彼，即晓此，合内外之道也。”此岂今科学所谓知哉？伊川曰：“人道莫如敬。未有致知而不在敬者。”又曰：“致知在格物，物来则知起，物各付物，不役其知，则意诚。意诚则心正。此始学之事也。”明道曰：“目畏尖物，此事不得放过，须是克下。室中率置尖物，以理胜他。”有患心疾者，见物皆狮子。伊川教以见即直前捕执之，无物也。久之，疑疾遂愈。此等致知工夫，皆兼力行言之。故伊川谓

“有恐惧心，亦是烛理不明”；又谓“克己所以治怒，明理所以治惧”。若如寻常人所为，则稍有知识者，谁不知鬼魅之不足畏，然敢独宿于墟墓之间者几人欤？故曰：二程之致知，非今科学家所谓致知也。

格物之说，欲即事物而穷其理。事物无穷，即理无穷，格之安可胜格？然于物有所未格，即于理有所未穷，而知亦有所不致矣。此世之致疑于格物之说之最大端也。虽然，此以疑今科学之所谓格物则可。若二程所言之格物，则其意本主于躬行，但须格到此心通晓为止，岂有格尽天下之物之疑哉？（如欲通文字者，但须将他人文字读之，至自己通晓为止。岂有忧天下文字多，不能尽读之理？）故如此之说，实不足以疑二程也。《伊川语录》：“或问格物须物物格之，还是格一物而万物皆知？曰：怎生便会赅通？若只格一物，便通众理，虽颜子亦不能如此。须是今日格一件，明日格一件。积习既多，然后有脱然贯通处。”又曰：“自一身之中，至万物之理，但理会得多，相次，自然豁然有觉处。”所谓脱然贯通、豁然有觉，虽不能谓其必当于真理；然自吾心言之，确有此快然自得之境。试问今之为学者，孰敢以其所得为必确？然用力既深，又孰无此确然自信之境乎？故如此之说，实不足以难二程也。故曰：“所谓穷理者，非道须尽穷天地万物之理，又不道是穷得一理便到。只是要积累多后，自然见去。”（穷理以我为主，故无论何物皆可穷。小程谓“穷理亦多端：或读书讲明义理；或论古今人物，别其是非；或应事接物，而处其当然”是也。惟其然，故不通于此者，不妨舍而之彼。小程谓“若于一事思未得，且别换一事思之，不可专守着这一事。盖人之知识，在这里蔽着，虽强思亦不通”是也。然则王阳明格庭前之竹七日而至于病，乃阳明自误，不关二程事矣。）

格物穷理，皆所以求定性，而定性则所以求合乎天则，故宋儒于天理人欲之界最严。明道曰：“吾学虽有所受，天理二字，却是自家体贴出来。”其视之之重可知。所谓天理者，即合乎天则之谓也。所谓人欲者，即背乎天理之谓也。伊川曰：“视听言动，非礼不为，即是礼，礼即是理也。不是天理，便是人欲。”又曰：“无人欲即是天理。”可见其界限之严矣。理学家所谓天理者，往往实非天然之则，而持之过于严酷，故为世人所訾。然谓理学家所谓天理者非尽天理则可，谓立身行事，无所谓当然之理者，固不可也。伊川曰：“天下之害，无不由末之胜也。峻宇雕墙，本于宫室。酒池肉林，本于饮食。淫酷残忍，本于刑罚。穷兵黩武，本于征伐。凡人欲之过者，皆本于奉养。其流之远，则为害矣。先王制其本者，天理也；后人流于末者，人欲也。损之义，损人欲以复天理而已。”历举各事，皆性质同而程度有差者，而其利害，遂至判然。殊足使人悚惕也。

统观二程之学：《定性》之说，与周子之主静同。《识仁》一篇，与横渠之《正蒙》无异。所多者，则“涵养须用敬，进学在致知”二语。实行之法，较周、张为详耳。盖一种哲学之兴，其初必探讨义理，以定其趋向；趋向既定，则当求行之之方。学问进趋之途辙，固如是也。然二程性质，实有不同，其后朱子表章伊川，象山远承明道，遂为理学中之两大派焉。

二程格物致知之说，既非如流俗所疑，则其与阳明之学之异，果何在乎？曰：二程谓天则在物（伊川曰："物各有则，须是止于物"），阳明谓天则在心，此其异点也。参看讲《阳明之学》一篇自明。

晦庵之学

宋学家为后人所尊者，莫如朱子。朱子于学，最宗濂溪及二程；然于其余诸家，亦皆加以研究评论。至其哲学思想，则未有出于周、张、二程之外者；不过研究更为入细，发挥更为透辟耳。故朱子非宋学之创造家，而宋学之集成者也。（陆子一派，仅修养之法，与朱子不同。哲学思想，亦不能出周、张、二程之外。）

人类之思想，可分为神学、玄学、科学三时期。神学时期，恒设想宇宙亦为一人所创造。遂有天主造物、黄土抟人等说。此不足论。玄学时期，则举认识之物分析之，或以为一种原质所成，或以为多种原质所成。所谓一元论、多元论是也。二者相较，又以一元论为较圆满。玄学之说明宇宙，至此而止，不能更有所进也。

宋学家以气为万物之原质，与古人同。而又名气之所以然者为理。此为当时之时代思想，朱子自亦不能外此。

有其然必有其所以然，乃人类思想如此，非事实也。就实际言，然与所以然，原系一事。故理气为二之说，实不如理气为一之说之的。然谓气之外，真有一使气如此之理则非，若明知理气是一，特因人类思想，有其然，必推求其所以然，因为假立一名，以资推论，则亦无所不可。朱子之论理气，即系如此。其所见，诚有不如后人莹澈之处。然世之讥之者，或竟疑朱子谓气之外别有所谓理之一物焉，则亦失朱子之意已。

《语类》云："理气本无先后之可言。必欲推其所从来，则须说先有是理。然理又非别为一物，即存乎是气之中。"又云："天地之间，只有动静两端，循环不已，更无余事。此之谓易。而其动其静，则必有所以动静之理。是则所谓太极者也。"（伊川论《复》卦云："一阳复于下，乃天地生物之心也。先儒皆以静为见天地之心，盖不知动之端，乃天地之心也。"朱子又论之曰："天地以生物为心者也。虽气有阖辟，物有盈虚，而天地之心，则亘古亘今，未始有毫厘之间断也。故阳极于外，而复生于内，圣人以为于此可以见天地之心焉。盖其复者气也；其所以复者，则有自来矣。向非天地之心，生生不息，则阳之极也，一绝而不复续矣，尚何以复生于内，而为阖辟之无穷乎？此则动之端，乃一阳之所以动，非指夫一阳之已动者而言之也。"）答刘叔文云："所谓理与气，决是二物。但在物上看，则二物浑沦，不可分开，各在一处。然不害二物之各为一物也。若在理上看，则虽未有物，而已有物之理。"此皆谓理气之别，出于人之拟议，而非真有此二物也。（《语类》云："太极，理也。动静，气也。气行则理亦行。二者常相依，而未尝相离也。当初元无一物，只有此理。有此理，便会动而生阳，静而生阴；静极复动，动极复静”云云。极似以理为实有其物者。此等处，最易招后人之訾议。然统观全体，则朱子未尝以理为实有一物，在气之外，固彰彰也。《语类》又云：“太极非是别为一物。即阴阳而在阴阳，即五行而在五行，即万物而在万物，只是一个理而已。”其说固甚明显已。）

《语类》：“问天地之气，当其昏明驳杂时，理亦随而昏明驳杂否？曰：理却只恁地，只是气如此。又问：若气如此，理不如此，则是理与气相离矣。曰：气虽是理之所生，然既生出，则理管他不得。如这理寓于气了，日用运用间，都由这个气。只是气强理弱。”朱子之意，盖亦如横渠，谓气之清虚者无碍，无碍则神；重浊者有形，有形则不免有碍也。如人，禀天地之气以生，元依据这个理。然形质既成，则其所受之理，即不免随其形质之偏，而有昏明之异。至此，则理亦不能超乎形气，而自全其善矣。所谓“管他不得”也。然此固非理之罪，所谓“理却只恁地”也。

又：“可机问：大钧播物，还是一去便休？还有去而复来之理？曰：一去便休耳，岂有散而复聚之气。”此说与伊川“天地之化，自然生生不穷，更何资于既毙之形，已反之气”同。殊与质力不灭之理相背，不免陷于断绝之讥。

朱子之论阴阳，亦以为同体而异用，与横渠同。《语类》曰：“阴阳只是一气。阳之退，便是阴之生。不是阳退了，又别有个阴生。”答杨元范曰：“阴阳只是一气。阴气流行即为阳，阳气凝聚即为阴。非直有二物相对”是也。

阴阳亦人之观念，而非实有其物，故逐细分析，可以至于无穷。（人非分别不能认识。凡人所认识，皆有彼此之分，即可以阴阳名之。）此理朱子亦见及。《语类》:“统言阴阳只是两端，而阴中自分阴阳，阳中亦有阴阳。乾道成男，坤道成女。男虽属阳，而不可谓其无阴；女虽属阴，而不可谓其无阳。人身气属阳，而气有阴阳；血属阴，而血有阴阳”云云。此说殊有裨于实用。知此，则知大小善恶等，一切皆比较之词，而非有一定之性质。以临事，不滞固矣。（如人之相处，凌人为恶，见凌于人为善，此通常之论也。然世实无凌人之人，亦无见凌于人之人，视所值而异耳。甲强于乙，则凌乙，而乙不敢凌甲。则甲为凌人之人，而乙为见凌于人之人。然丙弱于乙，乙又将凌之；丁更强于甲，亦不免凌甲；则甲又为见凌于人之人，乙又为凌人之人矣。知此，则知世无真可信之人，亦无真可托之国。同理，亦无真不可信之人，真不可托之国。吾国当日俄战前，群思倚日以排俄；德日战后，又欲结美以攘日；近日高唱打倒帝国主义，则又不分先后缓急，欲举外人一切排之；皆不知此等理误之也。故哲学思想真普及，则群众程度必增高。）

凡言学问，必承认因果。因果者，现象界中，自然且必然之规律也。此规律，以时间言，则不差秒忽；以空间言，则不爽毫厘；此为旧哲家所谓数。朱子之思想亦如此。《语类》云:“有是理，便有是气；有是气，便有是数。”又云:“数者，气之节候”是也。

理学家之所谓理，非普通人之所谓理也。普通人之所谓理，乃就彼所知之事，籀绎得之，约略言之而已。至理学家之所谓理，则必贯通万事而无碍，乃足以当之。盖就知识言，必于万事万物，无所不晓，而其所知乃真；以行为言，必其所知既真，而所行始可蕲其不缪也。此等思想，在今日科学既明，固已知其徒存虚愿。然在昔日，哲学家之愿望，固多如是。职是故，理学家之于物理，亦多有格致之功。以此虽非急务，固亦在其学问之范围内也。朱子之好学深思，实非寻常理学家所及。故于物理，探索尤勤，发明亦多。衡以科学，固多不足信。然自是当时哲学家一种见解，而于其学问宗旨，亦多有关系，固不可以不知也。今试略述其说如下：

朱子推想宇宙之生成，亦以阴阳五行之说为本。其言曰："天地始初混沌未分时，想只有水火二者。水之滓脚便成地。今登高而望，群山皆为波浪之状，便是水泛如此。只不知因什么事凝了。初间极软，后方凝得硬。问：想得如潮水涌起沙相似。曰：然。水之极浊便成地。火之极清，便成风云雷电日星之属。"又曰："大抵天地生物，先其轻清，以及重浊。天一生水，地二生火，二物在五行中最轻清。金木重于水火，土又重于金木。"又论水火木金土之次曰："窃谓气之初，温而已。温则蒸溽，蒸溽则条达，条达则坚凝，坚凝则有形质。五者虽一有俱有，然推其先后之序，理或如此。"又曰："天地初开，只是阴阳之气。这一个气运行，磨来磨去。磨得急了，便拶许多渣滓。里面无处出，便结成个地在中央。气之清者，便为天，为日月，为星辰，只在外常周环运转。地便在中央不动，不是在下。”又曰：“造化之运如磨。上面常转而不止。万物之生，似磨中撒出。有粗有细，自是不齐。”又曰：“昼夜运而无息，便是阴阳之两端。其四边散出纷扰者，便是游气，生人物之万殊。如磨面相似。其四边只管层层散出。天地之气，运转无已，只管层层生出人物。其中有粗有细，如人物有偏有正。”朱子设想宇宙之生成如此。

又推想宇宙之毁坏。其见地，亦与旧说所谓浑沌者同。《语类》：“问天地会坏否？曰：不会坏。只是相将人无道极了，便一齐打合，混沌一番，人物都尽。此所谓不坏者，即是坏。但不断绝了。”“或问：天地坏也不坏？曰：既有形气，如何不坏？但一个坏了，便有一个生得来。凡有形有气，无不坏者。坏已复生，不知其极。天地亦不能不坏，坏已不能不生。气之作用如此。”又曰：“万物浑沦未判，阴阳之气，混合幽暗。及其既分，中间放得开阔光朗，而两仪始立。邵康节以十二万九千六百年为一元，则是十二万九千六百年之前，又是一个大开辟，更以上亦复如此。真是动静无端，阴阳无始。小者大之影，只昼夜便可见。五峰所谓一气大息，震荡无垠。海宇变动，山川勃湮。人物消尽，旧迹大灭。是谓洪荒之世。尝见高山有螺蚌壳，或生石中。此石即旧日之土，螺蚌即水中之物。下者却变而为高，柔者却变而为刚。”

云:“有形有气，无不坏者。天地亦不能不坏，坏已不能不生。”可见其深信物理规则。又谓“虽坏而不断绝”，“动静无端，阴阳无始”；则其说，虽置之认识论中，亦无病矣。

生物之始，朱子亦以意言之。《语类》:“问初生第一个人时如何？曰：以气化。二五之精，合而成形，释家谓之化生。如今物之化生者甚多，如虱然。”又曰:“生物之初，阴阳之精，自凝结成两个，一牝一牡。后来却从种子渐渐生去，便是以形化。”

张子以鬼神为二气之良能，程子以鬼神为造化之迹，朱子则兼取其说。《语类》:“问:《近思录》既载鬼神者造化之迹，又载鬼神者二气之良能，似乎重了？曰：造化之迹，是日月星辰风雨之属。二气良能，是屈伸往来之理。”又曰:“且就这一身看，自会笑语，有许多聪明知识，这是如何得恁地？虚空之中，忽然有风有雨，忽然有雷有电，这是如何得恁地？这都是阴阳相感，都是鬼神。看得到这里，见得到一身只是个躯壳在这里，内外无非天地阴阳之气。如鱼之在水，外面水，便是肚里面水；鳜鱼肚里水，与鲤鱼肚里水一般。”又曰:“以二气言，则鬼者，阴之灵也；神者，阳之灵也。以一气言，则至而伸者为神，反而归者为鬼。日自午以前是神，午以后是鬼。月自初三以后是神，十六以后是鬼。草木方发生来是神，凋残衰落是鬼。人自少至壮是神，衰老是鬼。鼻息呼是神，吸是鬼。”如此，则宇宙之间，一切现象，无非鬼神矣。故曰:“以功用谓之鬼神，以妙用谓之神。”

如此，则所谓鬼神，初不足怪，亦不必以为无何则？不足怪，自不待以为无也。朱子论世俗所谓鬼神怪异者曰：“雨露风雷，日月昼夜，此鬼神之迹也。此是白日公平正直之鬼神。若所谓有啸于梁、触于胸，此则所谓不正邪暗，或有或无，或去或来，或聚或散者。又有所谓祷之而应、祈之而获，此亦所谓鬼神。同一理也。问：伊川言鬼神造化之迹，此岂亦造化之迹乎？曰：皆是也。若论正理：则似树上忽生出花叶，此便是造化之迹；又如空中忽然有雷霆风雨，皆是也。但人所常见，故不之怪。忽闻鬼啸鬼火之属，则便以为怪。不知此亦造化之迹，但不是正理，亦非理之所无也。”又曰：“如起风、做雨，打雷、闪电，花生、花结，非有神而何？自不察耳。才说见鬼神事，便以为怪。世间自有个道理如此，不可谓无，特非造化之正耳。此为得阴阳不正之气，不须惊惑。所以夫子不语怪，以其明有此事，特不语耳。南轩说无便不是。”此等说，今日观之，未为得当。然在当日，无实验科学可据；而自古相传之说，其势方盛，势难遽断为无。故虽有哲学思想者，于神怪之说，亦多认其有，而以物理释之。（如王仲任即其人也。）其说虽未得当。然其务以平易可据之理，解释奇怪不可思议之事，则固学者所有事，而与恒人不同者也。

理学家之论鬼神如此。其说，与世俗“人死为鬼，一切如人，特有形无质”之见，最不相容。自理学家之论推之，可决世俗所谓鬼神者为无有。然古代书籍，固多以鬼为有。宋儒最尊古者也，其敢毅然决此藩篱乎？曰：朱子固能之矣。此说也，见于朱子答廖仲晦之书。廖氏《原书》曰："德明平日鄙见，未免以我为主。盖天地人物，统体只是一性。生有此性，死岂遽亡之？夫水，有所激与所碍，则成沤。正如二机，阖辟不已，妙合而成人物。夫水固水也，沤亦不得不谓之水，特其形则沤，灭则还复是本水也。人物之生，虽一形具一性，及气散而灭，还复统体是一而已。岂复分别是人是物之性。所未者，正惟祭享一书，推之未行。若以为果飨耶？神不歆非类，大有界限，与统体还一之说不相似。若曰飨与不飨，盖不必问，但报本之道，不得不然，而《诗》《书》却明言神嗜饮食、祖考来格之类，则又极似有飨之者。窃谓人虽死无知觉，知觉之原仍在。此以诚感，彼以类应。若谓尽无知觉之源，只是一片太虚寂，则断灭无复实然之理，亦恐未安。君子曰终，小人曰死，则智愚于此，亦各不同。故人不同于鸟兽草木，愚不同于圣。虽以为公共道理，然人须全而归之，然后足以安吾之死。不然，则人何用求至圣贤？何用与天地相似？倒行逆施，均于一死，而不害其为人，是真与鸟兽禽鱼俱坏，懵不知其所存也。"廖氏之说，即以所谓鬼者，自理论推之，不能有；然古书明言其有，不敢决其为无；因而曲生一解，以为人死，仍有其知觉之源，凝然具在，不与大化为一。虽与世俗之见异，实仍未脱乎世俗之见之臼窠也。朱子答之曰："贤者之见，所以不能无失者，正坐以我为主，以觉为性尔。夫性者，理而已矣。乾坤变化，万物受命，虽禀之在我，然其理，则非有我之所得私也。所以反身而诚，盖谓尽其所得乎己之理，则知天下万物之理，初不外此。非谓尽得我之知觉，则众人之知觉，皆是此物也。性只是理，不可以聚散言。其聚而生、散而死者，气而已矣。所谓精神魂魄，有知有觉者，皆气之所为也。故聚则有，散则无。若理，则初不为聚散而有无也。但有是理则有是气；苟气聚乎此，则其理亦命乎此耳。不得以水沤比也。鬼神便是精神魂魄。程子所谓天地之功用、造化之迹，张子所谓二气之良能，皆非性之谓也。故祭祀之礼，以类而感，以类而应。若性则又岂有类之可言邪？然气之已散者，既化而无有矣；其根于理而日生者，则固浩然而无穷也。上蔡谓我之精神即祖考之精神，盖谓此也。岂曰一受其成形，则此性遂为吾有，虽死而犹不灭，截然自为一物，藏乎寂然一体之中，以俟夫子孙之求，而时出以飨之邪？必如此说，则其界限之广狭，安顿之处所，必有可指言者。且自开辟以来，积至于今，其重并积叠，计已无地之可容矣。是又安有此理邪？且乾坤造化，如大洪炉，人物生生，无少休息，是乃所谓实然之理，不忧其断灭也。今乃以一片太虚寂目之，而反认人物已死之知觉，谓之实然之理，岂不误哉？又圣贤所谓归全安死者，亦曰：无失其所受乎天之理，则可以无愧而死耳。非以为实有一物，可奉持而归之，然后吾之不断不灭者，得以晏然安处乎冥汉之中也。夭寿不贰，修身以俟之，是乃无所为而然者。与异端为生死事大，无常迅速，然后学者，正不可同日而语。今乃混而言之，以彼之见，为此之说，所以为说愈多而愈不合也。”此论将世俗所谓有鬼之见，摧破殆尽。其曰理无断灭，气之根于理而日生者，浩然而无穷，可见宇宙虽不断灭，而人之自私其身，而不欲其亡，因之强执死后仍有一无体质而有精神之我，纯是虚说。如此，则既无天堂可歆，亦无地狱可怖；而犹力求不愧不怍，全受全归，可谓无所为而为之。其情感，或不如信教者之热；其动机，则较之信教者高尚多矣。然宋学所以仅能为哲学，而不能兼神教之用者亦以此。（古书所谓有鬼者，自系世俗迷信之谈。以理学家之理释之，无论如何，无有是处。朱子《答吴伯丰书》曰：“吾之此身，即祖考之遗体。祖考之所以为祖考者，盖具于我而未尝亡也。是其魂升魄降，虽已化而无有；然理之根于彼者，既无止息；气之具于我者，复无间断。吾能致精竭诚以求之，此气既纯一而无所杂，则此理自昭著而不可掩。此其苗脉之较然可睹者也。上蔡云：三日斋，七日戒，求诸阴阳上下，只是要集自家之精神。盖我之精神，即祖考之精神；在我者既集，即是祖考之来格也。”此说虽勉强调和，然几于即以生人之精神，为鬼神矣。）

然朱子之说虽妙，而谓气聚则有，散则无；又谓气之已散者化而无有，根于理而日生者，浩然无穷；则殊与质力不灭之理相背；而与其大钧播物、一去便休之说同病。实信伊川大过致之也。《语类》：“横渠说：形溃反原。以为人生得此个物事。既死，此个物事，却复归大原去，又从里面抽出来生人。如一块黄泥，既把来做弹子了；却依前归一块里面去，又做个弹子出来。伊川便说是不必以既屈之气，为方伸之气。若以圣人精气为物、游魂为变之语观之，则伊川之说为是。盖人死则气散。其生也，又从大原里面发出来。”此二说者，比而观之，不必科学，亦不必森严之论理，即以常识推断，亦觉张子之说为是，小程之说为非。以张子能泯有无之见，而小程不然也。而朱子顾以程子之说为是，何哉？盖由先存一辟佛之见，故有此蔽。《语类》又曰：“释氏谓人死为鬼，鬼复为人。如此，则天地间只是许多人来来去去，更不由造化。生生都废。却无此理也。”此朱子所以不信横渠之说也。殊不知所谓生生，只是变化，并非自无出有。轮回之说，实较伊川之言，为合于论理也。

朱子既有此蔽，故于有无聚散，分别不甚清楚。其论鬼神皆然。《语类》：“问人死时，这知觉便散否？曰：不是散，是尽了。气尽则知觉亦尽。”又曰：“神祇之气，常屈伸而不已。人鬼之气，则消散而无余矣。其消散，亦有久速之异。人有不伏其死者，所以既死而此气不散，为妖为怪。如人之凶死，及僧道既死，多不散者。圣贤则安于死，岂有不散而为神怪者乎？”又曰：“死而气散，泯然无迹者，是其常道理恁地。有托生者，是偶然聚得气不散，又怎生去凑着那生气，便再生。然非其常也。”又曰：“气久必散。人说神仙，一代说一项。汉世说甚安期生。至唐以来，则不见说了。又说钟离权、吕洞宾。而今又不见说了。看得来，他也养得分外寿考，然终久亦散了。”又曰：“为妖孽者，多是不得其死，其气未散。若是尫羸病死的人，这气消耗尽了方死，岂复更郁结成妖孽？然不得其死者，久之亦散。如今打面做糊，中间自有成小块核不散的，久之，渐渐也自会散。”面糊中小块核，可云散而不可云无，朱子未之思也。（朱子之意，盖以尚有形迹者为散，毫无形迹，即寻常人所谓空者为无。然此说殊误也。）

朱子论人，则以为魄属鬼，气属神。其说曰：“人之语言动作是气，属神；精血是魄，属鬼。发用处皆属阳，是神；气定处皆属阴，是魄。知识处是神，记事处是魄。人初生时，气多魄少。后来魄渐盛。到老魄又少。所以耳聋目昏，精力不强，记事不足。”此据阴阳立说也。又据五行，谓水是魄，火是魂。以《左氏》有“人生始化曰魄，既生魄，阳曰魂”之语也。因谓人有魄而后有魂，故“魄为主为干”。（案此与邵子“阳有去而阴常居”之说合。）又谓人“精神知觉，皆有魄后方有”。引周子“形既生矣，神发知矣”之说为证。（周子之意，似不谓形神有先后。）又有取于释氏地水火灾之说，谓火风是魂，地水是魄。人之暖气是火，运动是风，皮肉属地，涕唾属水。魂能思量记度，运用作为，魄则不能。故人之死也，风火先散，则不能为祟。皆据旧说推度而已矣。

朱子论性，亦宗程子“论性不论气不备，论气不论性不明”之说。其所以谓论性不论气不备者，盖以确见人及禽兽，其不善，确有由于形体而无可如何者也。《语类》曰：“论万物之一源，则理同而气异。睹万物之异体，则气犹相近，而理绝不同。（谓万物已禀之而为性之理也。）气相近，如知寒暖，识饥饱，好生恶死，趋利避害，人与物都一般。理不同，如蜂蚁之君臣，只是他义上有一点子明；虎狼之父子，只是他仁上有一点子明；其他更推不去。大凡物事禀得一边重，便占了其他的。如慈爱的人少断制，断制之人多残忍。盖仁多便遮了那义，义多便遮了那仁。”（案此即无恶、只有过不及之说。）又曰：“惟其所受之气，只有许多，故其理亦只有许多。如犬马，他这形气如此，故只会得如此事。”此犹今之主心理根于生理者，谓精神现象，皆形体之作用也。惟其然也，故朱子谓人确有生而不善者，欲改之极难。《语类》曰：“今有一样人，虽无事在这里坐，他心里也只思量要做不好事。如蛇虺相似，只欲咬人。他有什么发得善？”又曰：“如日月之光，在露地则尽见之。若在蔀屋之下，有所蔽塞，则有见有不见。在人则蔽塞有可通之理。至于禽兽，则被形体所拘，生得蔽隔之甚，无可通处。”朱子之见解如此，故曰：“人之为学，却是要变化气质，然极难变化”也。此等处，朱子以为皆从气质上来。盖朱子以全不着形迹者为理，而谓性即理，则性自无可指为不善。《语类》曰：“气之精英者为神。金木水火土非神，所以为金木水火土者是神。在人则为理，所以为仁义礼智信者是也。”又曰：“人生而静以上，即是人物未生时。人物未生时，只可谓之理，说性未得，此所谓在天为命也。才谓之性，便是人生以后，此理已堕在形气之中，不全是性之本体矣。”夫如是，则所谓性者，全与实际相离，只是一可以为善之物，又安得谓之不善。故朱子将一切不善，悉归之于气也。气何以有不善？朱子则本其宇宙观而为言曰：“人所禀之气，虽皆是天地之正气，然滚来滚去，便有昏明厚薄之异。”又曰：“天地之运，万端而无穷。日月清明，气候和正之时，人禀此气，则为清明浑厚之气，须做个好人。若是日月昏暗，寒暑反常，皆是天地之戾气。人若禀此气，则为不好的人。”此朱子谓气不尽善之由也。“性无气质，却无安顿处。”自朱子观之，既落形气之中，无纯粹至善者。（“或问：气清的人，自无物欲。曰：也如此说不得。口之欲味，耳之欲声，人人皆然。虽是禀得气清，才不检束，便流于欲去。”）若不兼论形气，则将误以人所禀之性为纯善，而昧于其实在情形矣。此所谓论性不论气不备也。

其谓论气不论性不明者，则以天下虽极恶之人，不能谓其纯恶而无善。抑且所谓恶者本非恶，特善之发而不得其当者耳。朱子论“恶亦不可不谓之性”，曰：“他源头处都是善，因气偏，这性便偏了。然此处亦是性。如人浑身都是恻隐而无羞恶，都羞恶而无恻隐，这个便是恶德。这个唤作性邪？不是？如墨子之性，本是恻隐。孟子推其弊，到得无父处。这个便是恶亦不可不谓之性也。”然则论气不论性，不但不知恶人之善处，并其恶性质，亦无由而明矣。夫犹是善性也，所以或发而得其当，或发而不得其当者，形质实为之累，此所谓论性不论气不备。然虽发不得当，而犹是可以发其当之物，则可见性无二性，理无二理。故《语类》譬诸隙中之日，谓“隙之大小长短不同，然其所受，却只是此日”；又谓“蔽锢少者，发出来天理胜；蔽锢多者，发出来私欲胜；便见本源之理，无有不善”也。此而不知其同出一源，则于性之由来，有所误会矣。此所谓论气不论性不明也。

善恶既同是一性。所谓恶者，特因受形气之累而然。夫形气之累，乃后起之事；吾侪所见，虽皆既落形气之性，然性即是理，不能谓理必附于形质。犹水然，置诸欹斜之器，则其形亦欹斜，不能因吾济只见欹斜之器，遂谓水之形亦欹斜也。故世虽无纯善之性，而论性则不得不谓之善也。

性既本善，而形气之累，特后起之事，则善为本质，而不善实非必然。故曰：“人生都是天理。人欲却是后来没把鼻生底。”此说实与释氏真如无明之说，消息相通。（朱子所谓善者，不外本性全不受形气之累。本性全不受形气之累而发出，则所谓天理。而不然者则所谓人欲也。所谓天理者，乃凡事适得其当之谓，此即周子之所谓中。朱子曰：“有个天理，便有个人欲。盖缘这天理须有个安顿处，才安顿得不恰好，便有人欲出来。”安顿得恰好，即周子所谓中；守此中而勿失，则周子所谓静也。故朱子之学，实与周子一脉相承者也。〇安顿得恰好者，朱子曰：“饮食，天理也。要求美味，人欲也。”设喻最妙。）

朱子论性之说如此。盖其所谓善者，标准极高，非全离乎形气，不足以当之，故其说如此。因其所谓善者，标准极高，故于论性而涉及朱子之所谓气者，无不加以驳斥；而于程、张气质之说，程子性即理之言，极称其有功于圣门，有补于后学。盖论性一涉于气质，即不免杂以人欲之私，不克与朱子之所谓善者相副；而朱子之所谓性者，实际初无其物，非兼以气质立论，将不能自圆其说也。（朱子评古来论性者之说：谓"孟子恐人谓性元来不相似，遂于气质内挑出天之所命者，说性无有不善。不曾说下面气质，故费分疏。荀子只见得不好的。扬子又见得半上半下的。韩子所言，却是说得稍近，惜其少一气字，性那里有三品来？""以气质论，则凡言性不同者，皆冰释矣。""气质之说，起于张、程，极有功于圣门，有补于后学。"又谓"程先生论性，只云性即理也，岂不是见得明？真有功于圣门"。〇朱子之坚持性即理，而力辟混气质于性，亦由其欲辟佛而然。故曰："大抵诸儒说性，多说着气。如佛氏，亦只是认知觉作用为性。"知觉作用，固朱子所谓因形气而有者也。）

人之一生，兼备理气二者，其兼备之者实为心。故朱子深有取于横渠"心统性情"之说，以为颠扑不破。又详言之曰："性者，心之理。情者，性之动。心，性情之主。"又譬之曰："心如水，性犹水之静，情则水之流，欲则水之波澜。"（又曰："心如水，情是动处，爱即流向去处。"又以"心为太极，心之动静为阴阳"。）孟子所善四端，朱子谓之情，曰：

“性不可言，所以言性善者，只看恻隐辞逊四端，如见水流之清，则知源头必清矣。”心兼动静言，则动静皆宜致养。故朱子曰：“动静皆主宰，非静时无所用，至动时方有主宰。”又谓：“惟动时能顺理，则无事时能静。静时能存，则动时得力。须是动时也做工夫，静时也做工夫也。”

朱子论道德，亦以仁为最大之德，静为求仁之方。其《仁说》谓：“仁者仁之本体。礼者仁之节文。义者仁之断制。知者仁之分别。信以见仁义礼智，实有此理。必先有仁，然后有义礼智信。故以先后言之，则仁为先；以大小言之，则仁为大。”又谓“明道圣人以其情顺万物而无情，说得最好”。（《语类》曰：“动时静便在这里。顺理而应，则虽动亦静；不顺理而应，则虽块然不交于物，亦不能得静。”顺理而应，即所谓以其情顺万物而无情也。）至于实行之方，则亦取伊川“涵养须用敬，进学在致知”二语。而于用敬，则提出“求放心”三字；于致和，则详言格物之功。实较伊川言之，尤为亲切也。

《中庸》曰：“喜怒哀乐之未发，谓之中。发而皆中节，谓之和。中也者，天下之大本也。和也者，天下之达道也。”龟山门下，以“体认大本”，为相传指诀。谓执而勿失，自有中节之和。朱子以为少偏。谓“才偏便做病。道理自有动时，自有静时。学者只是敬以直内，义以方外，见得世间无处不是道理。不可专要去静处求。所以伊川谓只用敬，不用静，便说平也”。又云：“周先生只说一者无欲也，这话头高，卒急难凑泊。寻常人如何便得无欲？故伊川只说个敬字，教人只就这敬字上挨去。庶几执捉得定，有个下手处。要之，皆只要人于此心上见得分明，自然有得尔。然今之言敬者，乃皆装点外事，不知直截于心上求功。遂觉累坠不快活。不若眼下于求放心处有功，则尤得力也。”此朱子主敬之旨也。（又曰：“敬有死敬，有活敬，若只守着主一之敬，遇事不济之以义，而不活。熟后敬便有义，义便有敬。静则察其敬与不敬，动则察其义与不义。敬义夹持，循环无端，则内外透彻。”）

其论致知，则尽于《大学补传》数语。其言曰：“人心之灵，莫不有知。而天下之物，莫不有理。惟于理有未穷，故其知有不尽也。是以大学始教，必使学者，即凡天下之物，莫不因其已知之理而益穷之，以求至乎其极。至于用力之久，而一旦豁然贯通焉，则众物之表里精粗无不到，而吾心之全体大用无不明矣。”此数语，谓理不在心而在物，最为言阳明之学者所诋訾。然平心论之，实未尝非各明一义。至于致知力行，朱子初未尝偏废。谓朱子重知而轻行，尤诬诋之辞也。今摘录《语类》中论知行之语如下：

《语类》曰：“动静无端，亦无截然为动为静之理。且如涵养致知，亦何所始？谓学莫先于致知，是知在先。”又曰：“未有致知而不在敬者，则敬亦在先。从此推去，只管恁地。”是朱子初未尝谓知在先、行在后也。又曰：“自家若得知是人欲蔽了，便是明处。只这上，便紧紧着力主定。一面格物。”是朱子实谓力行致知，当同时并进也。又曰：“而今看道理不见，不是不知，只是为物塞了。而今粗法，须是打叠了胸中许多恶杂，方可。”则并谓治心在致知之前矣。又曰：“方其知之而未及行之，则知尚浅。既亲历其域，则知之益明，非前日之意味。”则知必有待于行，几与阳明之言，如出一口矣。又朱子所谓格物致知，乃大学之功，其下尚有小学一段工夫。论朱子之说者，亦不可不知。朱子答吴晦叔曰：“夫泛论知行之理，而就一事以观之，则知之为先，行之为后，无可疑者。然合夫知之浅深、行之大小而言，则非有以先成乎其小，亦将何以驯致乎其大者哉？盖古人之教：自其孩幼，而教之以孝悌诚敬之实；及其少长，而传之以诗书礼乐之文；皆所以使之即夫一事一物之间，各有以知其义理之所在，而致涵养践履之功也。及其十五成童，学于大学，则其洒扫应对之间，礼乐射御之际，所以涵养践履之者，略已小成矣。于是不离乎此，而教之以格物以致其知焉。致知云者，因其所已知者，推而致之；以及其所未知者，而极其至也。今就其一事之中而论之，则先知后行，固各有其序矣。诚欲因夫小学之成，以进乎大学之始，则非涵养践履之有素，亦岂能以其杂乱纷纠之心，而格物以致其知哉？故《大学》之书，虽以格物致知，为用力之始，然非谓初不涵养践履，而直从事于此也；又非谓物未格、知未至，则意可以不诚，心可以不正，身可以不修，家可以不齐也。若曰：必俟知至而后可行，则夫事亲从兄，承上接下，乃人生所一日不能废者，岂可谓吾知未至，而暂辍以俟其至而后行之哉？”读此书，而朱子于知行二者，无所轻重先后，可以晓然矣。

偏重于知之说，朱子亦非无之。如曰：“讲得道理明时，自是事亲不得不孝，事兄不得不弟，交朋友不得不信。”论前人以黑白豆澄治思虑（起一善念，则投一白豆于器中。起一恶念，则投一黑豆于器中）曰：“此则是个死法。若更加以读书穷理的工夫，则去那般不正的思虑，何难之有？”皆以为知即能行。（惟此所谓知者，亦非全离于行。必且力行，且体验，乃能知之。）盖讲学者，大抵系对一时人说话。阳明之时，理学既已大行。不患此理之不明，惟患知之而不能有之于己，故阳明救以知行合一之说。若朱子之时，则理学尚未大行，知而不行之弊未著，惟以人之不知为患，故朱子稍侧重于知。此固时代之异，不足为朱子讳，更不容为朱子咎。朱子、王子，未必不易地皆然也。读前所引朱子论知行之说，正可见大贤立言之四平八稳，不肯有所偏重耳。（在今日观之，或以为不免偏重。然在当日，则已力求平稳矣。必先尚论其世，乃可尚论其人。凡读先贤之书皆然，亦不独朱子也。）

以上为朱子学说之大略。其与他家辩论之语，别于讲他家之学时详之。

朱子之不可及处，实在其立身之刚毅，进学之勇猛。今录其言之足资激发者如下，俾学者知所矜式焉。《语类》曰：

“事有不当耐者，岂可常学耐事。学耐事，其弊至于苟贱不廉。学者须有廉隅墙壁，便可担负得大事去。如子路，世间病痛都没了。亲于其身为不善者不入，此大者立也。”又曰：“耻有当忍者，有不当忍者。今有一样人，不能安贫，其气错屈，以至立脚不住，亦何所不至？因举吕舍人《诗》云：逢人即有求，所以百事非。”又曰：“学者常常以志士不忘沟壑为念，则道理重而计较死生之心轻矣。况衣食至微末事，不得亦未必死，亦何用犯义犯分，役心役志以求之邪？某观今人，因不能咬菜根，而至于违其本心者，众矣！可不戒哉？惟君子，然后知义理之必当为，与义理之必可恃。利害得失，既无所入于其心；而其学，又足以应事物之变。是以气勇谋明，无所慑惮。不幸蹉跌，死生以之。小人之心，一切反是。”答刘季章曰：“天下只有一理，此是即彼非，此非即彼是，不容并立。故古之圣贤，心存目见，只有义理，都不见有利害可计较。日用之间，应事接物，直是判断得直截分明。而推以及人，吐心吐胆，亦只如此，更无回互。若信得及，即相与俱入圣贤之域；若信不及，即在我亦无为人谋而不尽的心。而此理是非，昭然明白；今日此人虽信不及，向后他人，须有信得及底，非但一人之计也。若如此所论，则在我者，未免视人颜色之可否，以为语默，只此意思，何由能使彼信得及乎？”以上数条，皆足见朱子立身之刚毅。国有道，不变塞焉；国无道，之死不变。真足使贪夫廉，懦夫有立志也。其论进学之语云：“书不记，熟读可记。义不精，细思可精。惟有志不立，直是无着力处。只如而今，贪利禄而不贪道义，要做贵人而不要做好人，皆是志不立之病。直须反复思量，究见病痛起处，勇猛奋跃，不复作此等人。一跃跃出，见得圣贤所说，各言万语，都无一事不是实语，方始立得此志。就此积累工夫，迤逦向上去，大有事在。”又曰：“直须抖擞精神，莫要昏钝。如救火治病然，岂可悠悠岁月？”又曰：“学者读书，须是于无味处致思。至于群疑并兴，寝食俱废，乃能骤进。因叹骤进二字，最下得好。须是如此。若进得些子，或进或退，若存若亡，不济事。如用兵相杀，争得些儿，小可一二十里地，也不济事。须大杀一番，方是善胜。”以上数条，皆足见朱子进学之勇猛。能使玩时愒日者，读之悚然汗下。固知一代大儒，其立身行己，必有异于寻常人之处也。凡我后学，可不怀见贤思齐之念哉？

象山之学

一种学问，必有其兴起之时，亦必有其成熟之时。兴起之时，往往万籁争鸣，众源并发。至成熟之时，则渐汇为一二派。北宋之世，盖一种新哲学兴起之时；南宋之世，则渐就成熟之时也。其时讲学有名者，乾淳三先生而外，当推陆象山。乾淳三先生：吕之学较粗，其后遂流为永嘉、永康两派。虽可谓独树一帜，然在宋代学派中，不过成割据之局。南轩之学，与朱子大同，并不能独树一帜。（南轩亦主居敬穷理，惟稍侧重于居敬耳。其说谓“必先从事于敬，使人欲浸除，乃可以言格物。否则辨择于发见之际，恐不免于纷扰。”案此等议论，朱子亦非无之。朱子谓“南轩伯恭之学皆疏略。南轩疏略，从高处去。伯恭疏略，从卑处去。”盖谓其操持之功稍欠。至其学问宗旨，则无甚异同也。）其与朱学对峙，如晋楚之争霸中原者，则象山而已。

朱子谓“上蔡之说，一转而为张子韶，张子韶一转而为陆子静”。又谓“上蔡说仁说觉，分明是禅”。又云：“如今人说道，爱从高妙处说，便入禅去。自上蔡以来已然。”又谓“明道说话浑沦。然太高，学者难看”。又云：“程门高第，如谢上蔡、游定夫、杨龟山，稍皆入禅学去。必是程先生当初说得高了，他们只见上一截，少下面着实工夫，故流弊至此。”然则象山之学，实远承明道。（象山不甚称伊川，而称明道处极多。）盖道理自有此两派，至南宋众流渐汇时，朱陆各主其一也。（上蔡以有知觉痛痒为仁。又曰：“桃杏之核，为种而生者谓之仁，言有生之意。”又曰：“尧舜汤武事业，只是与天理合一。几曾做作？盖世的功业，如太空中一点云相似，他把做什么？”说皆极似象山。然实自明道《识仁》《定性篇》出。）

朱陆之异，象山谓“心即理”，朱子谓“性即理”而已。惟其谓性即理，而心统性情也，故所谓性者，虽纯粹至善；而所谓心者，则已不能离乎气质之累，而不免杂有人欲之私。惟其谓心即理也，故万事皆具于吾心；吾心之外，更无所谓理；理之外，更无所谓事。一切工夫，只在一心之上。二家同异，后来虽枝叶繁多，而溯厥根源，则惟此一语而已。

《象山年谱》云：“象山三四岁时，思天地何所穷际，不得，至于不食。父呵之，乃姑置，而胸中之疑终在。后十余岁，读书，至宇宙二字，解者曰：四方上下曰宇，往古来今曰宙。忽大省，曰：元来无穷。人与天地万物，皆在无穷之中者也。乃援笔书曰：宇宙内事，乃己分内事。己分内事，乃宇宙内事。又曰：宇宙便是吾心，吾心即是宇宙。东海有圣人出焉，此心同，此理同也。西海有圣人出焉，此心同，此理同也。南海北海有圣人出焉，此心同，此理同也。千百世之上，有圣人出焉，此心同，此理同也。千百世之下，有圣人出焉，此心同，此理同也。”象山之摄万有于一心，自小时已然矣。

惟其然也，故象山之学，极为“简易直截”（此阳明称之之语）。其言曰：“道遍满天下，无些小空阙。四端万善，皆天之所予，不劳人妆点。但是人自有病，与他相隔了。”此言人心之本善也。又曰：“此理充塞宇宙。所谓道外无事，事外无道。舍此而别有商量，别有趋向，别有规模，别有形迹，别有行业，别有事功，则与道不相干；则是异端，则是利欲；谓之陷溺，谓之臼窠；说只是邪说，见只是邪见。”此言欲做工夫，惟有从事于一心也。又曰：“涓涓之流，积成江河。泉源方勋，虽只有涓涓之微，却有成江河之理。若能不舍昼夜，如今虽未盈科，将来自盈科；如今虽未放乎四海，将来自放乎四海。然学者不能自信，见夫标末之盛者，便自慌忙，舍其涓涓而趋之。却自坏了。曾不知我之涓涓，虽微，却是真；彼之标末，虽多，却是伪。恰似担水来，其涸可立而待也。”此言从事于此一途者之大可恃也。象山尝曰：“余于践履，未能纯一。然才自警策，便与天地相似。”又语学者：“念虑之不正者，顷刻而知之，即可以正。念虑之正者，顷刻而失之，即可不正。”又谓：“我治其大而不治其小，一正则百正。”诚不愧简易直截矣。

象山之学，实阳明所自出，放其言有极相似者。如曰：“人精神在外，至死也劳攘。须收拾作主宰。收得精神在内。当恻隐，即恻隐；当羞恶，即羞恶。谁欺得你？谁瞒得你？”

居象山，多告学者曰：“汝耳自聪，目自明；事父自能孝，事兄自能弟。本无欠阙，不必他求，在自立而已。”皆与阳明如出一口。

象山之学，以先立乎其大者为主。故于傍人门户，无所自得者，深鄙视之。于包藏祸心，作伪于外者，尤所痛绝。其言曰：“志于声色货利者，固是小。勦摸人之言语者，与他一般是小。”又曰：“学者须是打叠田地净洁，然后令他奋发植立。若田地不净洁，则奋发植立不得；亦读书不得。若读书，则是借寇兵，资盗粮。”象山非谓不当读书，亦非谓不当在事上磨炼。特如吾侪今日之居心，则自象山视之。皆不足读书，亦不足磨炼者耳。所谓先立乎其大者也。

象山与阳明，学皆以心为主，故有心学之称。凡从事于心学者，其于外务必较疏，自省之功则较切；其能发觉心之病痛，亦较常人为深。故其言多足发人深省。象山策励人之语曰：“要当轩昂奋发，莫恁地沉埋在卑陋凡下处。”又云：“彘鸡终日营营，无超然之意。须是一刀两断。何故营营如此？营营的讨个什么？”此等语，真是暮鼓晨钟，令吾辈日在世情路上讨生活者，悚然汗下矣。陆子之访朱子于南昌也，朱子请登白鹿洞讲席，讲“君子喻于义”一章。后刻其文于石。其言曰：“此章以义利判君子小人，辞旨晓白。然读之者苟不切己观省，恐亦未能有益也。某平日读此，不无所感。窃谓学者于此，当辨其志。人之所喻，由其所习；所习由其所志。志乎义，则所习者必在于义；所习在义，斯喻于义矣。志乎利，则所习者必在于利；所习在利，斯喻于利矣。故学者之志，不可不辨也。科举取士久矣。名儒巨公，皆由此出。今为士者，固不能免此。然场屋之得失，顾其技与有司好恶如何耳。非所以为君子小人之辨也。而今世以此相尚。使汩没于此，而不能自拔，则终日从事者，虽曰圣贤之书，而要其志之所乡，则有与圣贤背而驰者矣。推而上之，则又惟官资崇卑、禄廪厚薄是计。岂能悉心力于国事民隐，以无负于任使之者哉？从事其间，更历之多，讲习之熟，安得不有所喻？顾恐不在于义耳。诚能深思是身，不可使之为小人之归，其于利欲之习，但焉为之痛心疾首；专志乎义，而日勉焉。博学，审问，慎思，明辨而笃行之。由是而进于场屋，其文，必皆道其平日之学，胸中之蕴，而不诡于圣人。由是而仕，必皆供其职，勤其事；心乎国，心乎民；而不为身计。其得不谓之君子乎？”此文滑口读过，亦只平平。细思之，真乃一棒一条痕，一掴一掌血。宜乎朱子谓其“切中学者隐微深痼之病”；而能令听者悚然动心，至于泣下也。夫钧是人也，或为大人，或为小人，何也？流俗不察，或曰：是地位为之，遭际为之。斯固然也。然人即至贫至贱，必有可以自奋之途。何以并此而不能为？解之者或曰：“人固有智愚贤不肖之不同，天限之也。斯固然也。然尚论古人，纵观并世，或则立德，或则立功，或则立言，其天资高于我者固多，才智仅与我等者亦自不乏，而何以彼有成而我无成？解者将曰：彼学焉，我未尝学。彼学，我何以不学？流俗或又将曰：地位为之，遭际为之。然则我之地位，我之遭际，果所成就者，必止于我之今日；而我之所以自靖者，已毫发无遗憾乎？无论何人，不敢应曰然也。推论至此，则图穷而匕首见矣。志为之也。天下尽有在同一境地中，彼之所见，此则不见；彼之所闻，此则不闻者。否则同在一学校中，所读之书同也，所师所友亦相同，因天资之高下，学业成就，有浅深大小可也；而何以或为圣贤，或为豪杰，或为中庸，或且入于下流哉？无他。初则好恶不同，因好而趋之，因恶而去之。久之，则所趋者以习焉而愈觉其便安，虽明知其非，而不能去；甚或入鲍鱼之肆，久而不知其臭。所恶者以不习焉而日益荆棘，虽明知其善，亦无由自奋以趋之；甚或并不知其善矣。此则陆子所谓所喻由其所习，所习由其所志者也。人徒见两方向相反之线，引而愈远，而恶知其始之发自一点哉？吾侪今日所志，果何如乎？诚有如陆子所谓先立必为圣贤之志者乎？抑亦如陆子所谓从事圣贤之书，而志之所向，则与圣贤背驰者乎？由前之说，则即陆子所谓才自警策，便与天地相似者，何善如之？由后之说，则岂徒不能上进为圣贤，诚恐如陆子所云：更历愈多，讲习愈熟，所喻愈深，而去圣贤且益远也。可不惧哉？”

工夫既惟在一心，则从事于学者，首须将“田地打扫洁净”。然此事最难。陆子曰：“人心只爱去泊着事。教他弃事时，如猢狲失了树，更无住处。”又曰：“内无所累，外无所累，自然自在。才有一些子意，便沉重了。”（恒人所好，不越声色货利名位之私。终日汩着事，则将如巍鸡之终日营营，无超然之意矣。凡事根株尽绝最难。世非无自谓能超然于利欲之外者。然试一自检勘，果能无一些子意，而免于陆子所谓沉重之患者乎？不可不深自省也。）谓此义也。然此自谓不可牵累于物欲。至于心地澄澈，然后去理会事物，则非徒无害，抑且有益。所谓“大纲提掇来，细细理会去”也。（所谓先立乎其大者也。）又人之所知，固由其最初意之所向。然所知愈多，所志亦愈大，故知识亦不可以已。陆子曰：“夫子曰：吾十有五，而志于学。今千百年，无一人有志，也是怪他不得。志个甚底？须是有智识，然后有志愿。”又曰：“人要有大志，常人汩没于声色富贵间，良心善性，都蒙蔽了。今人如何便解有志，须先有智识始得。”诋陆王之学者，每谓其尽弃万事，专主一心，其实殊不然也。（《朱子语录》：“子静只是拗。伊川云：惟其深喻，是以笃好。子静必要云好后方喻。看来人之于义利，喻而好也多。若全不晓，又安能好。然好之则喻矣。毕竟伊川说占得多。”案喻而后好，好而后谕，自常识言之。两说皆通，莫能相破。必深论之，则好之与喻，原系一事，不过分为两语耳。此亦见阳明知行合一之说之确也。）

朱陆异同，始于淳熙三年乙未鹅湖之会，而成于乙巳丙午之间。乙未之岁，朱子年四十六，象山年三十七。东莱以二家讲学有异同，欲和会之，约会于信州之鹅湖寺。朱子及复斋、象山皆会。《象山语录》：“先兄复斋谓某曰：伯恭约元晦为此集，正为学术异同。某兄弟先是不同，何以望鹅湖之同？先兄遂与某议论致辩。又令某自说。至晚罢。先兄云：子静之说是。次早，某请先兄说。先兄云：某无说。夜来思之，子静之说极是。方得一诗云：孩提知爱长知钦，古圣相传只此心。大抵有基方筑室，未闻无址忽成岑。留情传注方榛塞，着意精微转陆沉。珍重友朋勤琢切，须知至乐在于今。某云：诗甚佳。但第二句微有未安。先兄云：说得恁地，又道未安，更要如何？某云：不妨一面起行，某沿途却和此诗。及至鹅湖，伯恭首问先兄别后新功。先兄举《诗》。才四句，元晦顾伯恭曰：子寿早已上子静船了也。举诗罢，遂致辨于先兄。某云：某途中和得家兄此诗，墟墓兴哀宗庙钦，斯人千古不磨心。涓流积至沧溟水，卷石崇成泰华岑。易简工夫终久大，支离事业竟浮沉。举诗至此，元晦失色。至末二句云：欲知自下升高处，真伪先须辨自今。元晦大不怿。于是各休息。翌日，二公商量数十折。议论来莫不悉破其说。继日，凡致辩，其说随屈。伯恭甚有虚心相听之意，竟为元晦所尼。”所谓议论数十折者，悉已不可得闻。惟《象山年谱》，谓“鹅湖之会，论及教人。元晦之意，欲令人泛观博览，而后归之约；二陆之意，欲先发明人之本心，而后使之博览。朱子以陆之教人为太简，陆以朱之教人为支离”而已。《朱子年谱》曰：“其后子寿颇悔其非，而子静终身守其说不变。”案子寿以五年戊戌，访朱子于铅山。是岁，朱子与吕伯恭书曰：“近两得子寿兄弟书，却自讼前日偏见之说。不知果如何？”庚子，东莱与朱子书曰：“陆子寿前日经过，留此二十余日。幡然以鹅湖所见为非。甚欲着实看书讲论。心平气下，相识中甚难得也。”是岁，九月，子寿卒。朱子祭之以文，有曰：“别未岁时，兄以书来。审前说之定，曰子言之可怀。逮予辞官而未获，停骖道左之僧斋。兄乃枉车而来教，相与极论而无猜。自是以还，道合志同”云云。此所谓子寿颇悔其非者也。象山则庚子朱子答吕伯恭书曰：“其徒曹立之者来访。持得子静答渠书与刘淳叟书。却说人须是读书讲论。然则自觉其前说之误矣。但不肯翻然说破今是昨非之意，依旧遮前掩后，巧为词说。”又一书云：“子静似犹有旧来意思。闻其门人说：子寿言其虽已转步，而未曾移身。然其势久之亦必自转。回思鹅湖讲论时，是甚气势？今何止十去七八邪？”案陆子但欲先发明人之本心，而后使之博览，非谓不必读书讲论。则朱子谓其自觉前说之误，实属亿度之辞。在陆子，初未尝改。故辛丑朱子答吕伯恭书，谓“子静近日讲论，此旧亦不同。但终有未尽合处”。又一书云：“子静旧日规模终在。”此则所谓子静终身守其说不变者也。朱子癸卯答项平父书曰：“大抵子思以来，教人之法，惟以尊德性、道问学两事，为用力之要。今子静所说，专是尊德性事。而熹平日所论，却是道问学上多了。所以为彼学者，多持守可观；而看得义理，全不仔细。又别说一种杜撰道理遮盖，不肯放下。而熹自觉，虽于义理不敢乱说，却于紧要为己为人上，多不得力。今当反身用力，去短截长，集思广益，庶几不堕一边耳。”又答陈肤仲书：“陆学固有似禅处。然鄙意近觉婺州朋友，专事见闻，而于自己身心，全无功夫。所以每劝学者兼取其善。要得身心稍稍端静，方于义理知所抉择。吾道之衰，正坐学者各守己偏，不能兼取众善，所以终有不明不行之弊。”丙午答陆子静书：“道理虽极精微，然初不在耳目见闻之外。是非黑白，即在面前。此而不察，乃欲别求玄妙于意虑之表，亦已误矣。迩来日用功夫，颇觉有力，无复向来支离之病。甚恨未得从容面论。未知异时相见，尚复有异同否耳？”虽仍各持一说，议论颇极持平。循是以往，未必不可折衷和会。然癸卯岁，朱子撰《曹立之墓表》，陆子之徒，谓攻其短，颇为不平。丙午，朱子答程正思书，又谓“去年因其徒来此，狂妄凶狠，手足尽露，乃始显然鸣鼓攻之”。而辟陆学之语又多矣。然及淳熙十五年戊申，无极太极之辩，词气虽少愤戾，究仍以辨析学术之意为多。盖朱陆两家，学问途辙，虽或不同，其辩论亦止于是。至于入主出奴，叫嚣狂悖，甚有非君子之词者，则其门下士意气用事者之失；及后世姝姝媛媛者，推波助澜之为之也。

朱子之学，所以与陆子异者？在陆子以心为至善，而朱子则谓心杂形气之私，必理乃可谓之至善。故《语录》谓“陆子静之学，千般万般病，只在不知有气禀之杂，把许多粗恶的气，都把做心之妙理，合当恁地，自然做将去”也。其所以一认心为至善，一以心为非至善者？则以陆子谓理具于心，朱子谓理在心外。陆子曰：“天理人欲之言，亦不是至论。若天是理，人是欲，则天人不同矣。此其源盖出于老氏。《乐记》曰：人生而静，天之性也。感于物而动，性之欲也。物至知知，然后好恶形焉。不能反躬，天理灭矣。天理人欲之言，盖出于此？《乐记》之言，亦根于老氏。”排天理人欲之说，即谓理出于心也。朱子曰：“古人之学，所贵于存心者，盖将推此以穷天下之理。今之所谓识心者，乃欲恃此而外天下之理。”（《答方宾王书》）则明谓理在心外矣。然二家谓理在心之内外虽异，而其谓理之当顺则同。陆子与朱济道书曰：“此理在宇宙间，未尝有所隐遁。天地之所以为天地者，顺此理而无私焉耳。人与天地并立为三极，安得自私而不顺此理哉？”其说与朱子初无以异。此其所以途辙虽殊，究为一种学问中之两派也。

刘蕺山曰：“世言上等资质人，宜从陆子之学；下等资质人，宜从朱子之学。吾谓不然。惟上等资质，然后可学朱子。以其胸中已有个本领，去做零碎工夫，条分缕析，亦自无碍。若下等资质，必须识得道在吾心，不假外求，有了本领，方去为学。不然，只是向外驰求，误却一生矣。”又曰：“大抵诸儒之见，或同或异，多系转相偏矫，因病立方。尽是权教。至于反身力践之间，未尝不同归一路。”黄梨洲《明儒学案发凡》曰：“学问之道，以各人自用得著者为真。凡倚门傍户，依样葫芦者，非流俗之士，则经生之业也。此编所刊，有一偏之见，有相反之论。学者于其不同处，正宜着眼理会。所谓一本而万殊也。以水济水，岂是学问？”此数条，皆足为争朱陆异同者，痛下针砭。

象山之学，当以慈湖为嫡传。而其流弊，亦自慈湖而起。象山常说颜子克己之学。其所谓克己者，非如常人，谓克去利害愤欲之私也。乃谓于意念起时，将来克去。意念克去，则还吾心体之本然。此心本广大无边，纯粹至善。功力至此，则得其一，万事毕矣。慈湖尝撰《己易》，谓天地万物皆一道，道即易，易即吾心。（大旨谓“天者吾性中之象，地者吾性中之形。在天成象，在地成形，皆吾之所为也。坤者，乾之两者也；其他六卦，乾之错综者也。故举天下非有二物”。）此即象山“宇宙内事，皆己分内事；己分内事，乃宇宙内事”之说也。又谓人当以天地为己，不当以耳目鼻口为己，此则克去己私之本。盖人与道本一（道与天地万物为一），所以隔之者乃私意，而私意由形体而起也（由我而起）。职是故，慈湖之学，以“不起意”为宗。所谓意者？慈湖谓其状不可胜穷。“穷日之力，穷年之力，纵说横说，广说备说，不可得而尽。”要之由己而起者皆是。（以形体为己之己）。然则心与意奚辨？曰：“一则为心，二则为意。直则为心，支则为意。通则为心，阻则为意。”（以天地万物为一体为心，物我相对待为意。）人心本与道一，意则蔽之。故须将意克尽心体乃复见也。人之恶，何一非由意而起？苟能从此克去，则一切恶一扫而空。此诚最根本之义，亦最简易之法矣。然此语谈何容易？吾人自旦之暮，自暮至旦，刻刻不断，生息于意念之中者，既非一日；加以众生业力，相熏相染；直是意即我，我即意。一朝觉悟，而欲克去，所费功力，盖十百千万于建立事功，研求学问者而未有已也。能见及此，不过觉悟之始。自此以往，功力方将无穷。而慈湖以救当时学者沉溺于训诂词章之习，所说多在绝意明心，而不及于斩艾持守。及门弟子，遂以入门义为究竟法。偶有所见，即以为道在是，而不复加省察克治之功。后来王门之弊，亦多如是。此则自谓得心体之本然，而不知其仍息于意念之中也。（《己易》："昏者不思而遂己，可乎？曰：正恐不能遂己。诚遂己，则不学之良能，不虑之良知，我所自有也；仁义礼知，我所自有也；万善自备也，百非自绝也；意必固我，无自而生也；虽尧、舜、禹、汤、文、武、周公、孔子，何以异于是？"此中正恐"不能遂己"一句，最须注意。〇袁絜斋称慈湖："平生践履，无一瑕玷。处闺门如对大宾，在暗室如临上帝。年登耄耋，兢兢敬谨，未尝须臾放逸。"可见其持守之严。）此固学者之误，不能以咎慈湖。然慈湖立教之少偏，似亦不能辞其责矣。袁洁斋宗旨，与慈湖同。然其教人，谓"心明则本立"，又谓"当精思以得之，兢业以守之"，似较慈湖为周备也。

浙学

理学何学也？谈心说性，初不切于实际，而其徒自视甚高。世之言学问者，苟其所言，与理学家小有出入，则理学家必斥为俗学，与之斤斤争辩。其所争者，不过毫厘之微，而其徒视之，不翅丘山之重。此果何义哉？果其别有所见欤？抑实无所有，而姑枵然以自大也？

随事应付，常人本自能之。哲学家所以异于常人者，乃在每一问题，必追究到底，而不肯作就事论事之语。此义前已言之。理学亦一种哲学也。故理学之异于寻常学问者，在于彻底。（以一种学问与寻常人较，则寻常人之所言，恒不彻底，而学问家之所言，恒较彻底；以寻常学问与哲学较，则寻常学问之所言，恒不彻底，而哲学家之所言，恒较彻底。故以寻常人与言学问者较，犹以寻常学问与哲学较也。）彻底即追究到底之谓也。理学家就宇宙间事物，追究到底，而得其不易之则焉，即其所谓理也。此理也，自理学家言之：则亘古今而不变，通世界而无二。大之至于书契所不能纪，巧历所不能穷，而莫之能外；小之至于耳目所不能听睹，心思所不能想象，而亦不能不由。天下事由之则是，背之则非。一切学问议论，与此合者，看似迂曲，实甚迳捷；看似背谬，实极得当。而不然者，则皆似是而非；由之虽可得近功，而隐祸实已伏于其后者也。是则所谓俗学也已。（理学家曰：言天理而不能用诸人事，是谓虚无，是为异学。言人事而不本之于天理，是为粗浅，是为俗学。）

职是故，理学家之行事，不求其有近功，而必求其根底上无丝毫破绽。所以贵王贱霸者以此。以一身论，亦必反诸己而无丝毫之慊，而后可以即安。否则虽功盖天下，泽被生民，犹为袭取，犹为侥幸也。（理学家所以不肯轻出身任天下事者，有二义：一则己不正，必不能善事。朱子谓“多只要求济事。不知自身不立，事决不能成。自心若有一毫私意未尽，皆足败事”是也。一则论至精微处，天下至当不易之理，如几何学之只有一点。此一点稍偏即不是，即必有后祸。而有心为善，即已偏而与此点离矣。邹聚所曰：“今人要做忠臣的，只倚看在忠上，便不中了。为此惊世骇俗之事，便不庸了。自圣人看，还是索隐行怪。”理学家之精神，专注于内，事事求其至当不易，故觉得出身任事之时甚难。）理学家之见解如此，其言，自不能不与寻常人大异。寻常人目为迂曲、为背谬，彼正忻然而笑，以世人为未足与议也。

理学家之议论，自理论言之，周亦无以为难。然天下事理，至无穷也。凡事必从根柢上做起，不容丝毫苟且，固是一理。然必先撑持目前，根柢上事，乃可徐图，亦是一理。（如谓产当公不当私，岂非正论。然专将目前社会破坏，共产之蕲望，岂遂得达？欲求共产，有时或转不得不扶翼私产矣。世界大同，岂非美事？然欲跻世界于大同，必先自强其国。若效徐偃、宋襄之为，转足为世界和平之累也。）以一人言之，必自己所学，十分到家，乃可出而任事。又必事事照吾主张做去，不容有丝毫委曲，乃得免于枉尺直寻之诮，而其事亦无后灾。固是一理。然如此，则天下将永无可为之日，而吾身亦永无出而任事之时。以天下为己任者，正不容如此其拘。亦是一理。由前之说，则理学家之所以自处；由后之说，则非理学者之所以难理学家也。宋时所谓浙学者即如此。

浙学分永嘉、永康二派。永嘉一派，道源于薛艮斋，而大成于叶正则。与宋时所谓理学者，根本立异。永康一派，道源于吕东莱，变化于其弟子约及陈同甫。其所争者，则以理学家所谓天理，范围太隘，而欲扩而充之也。今略述其说如下。

薛艮斋问学于袁道洁，袁道洁问学于二程，故永嘉之学，亦出伊洛。艮斋好言礼乐兵农，而学始稍变。陈君举继之，宗旨亦与艮斋同。然不过讲求实务，期见诸施行而已。（君举颇主《周官》，谓不能以王安石故，因噎废食。）于伊洛宗旨，未尝显有异同也。至叶水心出，而其说大变。水心之意，以为圣人之言，必务平实。凡幽深玄远者，皆非圣人之言。理学巨子，当推周、张、二程，其哲理皆出于《易》。故水心于《易》，力加排斥。谓惟《彖》《象》系孔子作，《十翼》不足信。而后儒讲诵，于此独多。魏晋而后，既与老庄并行，号为孔老。佛说入中国，亦附会《十翼》，于是儒释又并称。使儒与释老相杂者，皆《十翼》为之。世之好言《十翼》者，皆援儒以入释老者也。有范巽之者（名育，邠州三水人），受业于横渠，而其序《正蒙》，谓其以“六经所未载，圣人所不言者，与浮屠老子辩，实为寇盗设郛郭，助之捍御。”水心深然其说。谓浮屠之道非吾道，学者援《大传》“天地细缊”，“通昼夜之道而知”，“不疾而速，不行而至”，子思“诚之不可掩”，孟子“大而化，圣而不可知”，而曰：吾所有之道固若是，实阳儒而阴释者也。案宋儒之论，究与《易》意合否，诚难断言。然一种学问，必有其哲学上之根据。儒亦当时显学，安得无之？如水心言，凡高深玄远之说，悉出后人附会，则孔子乃一略通世故，止能随事应付之人乎？必不然矣。

宋时有道统之说。其思想，盖远源于孟子，而近接韩退之。孟子曰：“五百年，必有王者兴，其间，必有名世者。”又曰：“由尧舜至于汤，五百有余岁。若禹、皋陶，则见而知之；若汤，则闻而知之。由汤至于文王，五百有余岁。若伊尹、莱朱，则见而知之；若文王，则闻而知之。由文王至于孔子，五百有余岁。若大公望、散宜生，则见而知之；若孔子，则闻而知之。由孔子而来，至于今，百有余岁。去圣人之世，若此其未远也！近圣人之居，若此其甚也！然而无有乎尔。则亦无有乎尔。”孟子屡言愿学孔子。又曰：“予未得为孔子徒也，予私淑诸人也。”又曰：“由周而来，七百有余岁矣。以其数，则过矣！以其时考之，则可矣！夫天，未欲平治天下也；如欲平治天下，当今之世，舍我其谁也。”盖隐然自附于见知孔子之列，而以名世之任自期。韩氏《原道》曰：“吾所谓道，尧以是传之舜，舜以是传之禹，禹以是传之汤，汤以是传之文、武、周公，文、武、周公传之孔子，孔子传之孟轲。轲之死，不得其传焉。荀与杨也，择焉而不精，语焉而不详。”始以孟子继孔子。宋人以孟子受业于子思，子思受业于曾子，遂谓曾子独得孔子之传。朱子又推濂溪、二程，遥接其绪。其《沧州精舍告先圣文》，所谓“恭惟道统；万理一原，远自羲轩，集厥大成，人属玄圣。述古垂训，万世作程。三千其徒，化若时雨。维颜曾氏，传得其宗。逮思及舆，益以光大，自时厥后，口耳失真。千有余年，乃云有继。周、程授受，万理一原”者也。后人又以朱子承周、程之绪，而理学家所谓道统者以成。水心既不喜伊、洛，故亦不承其道统之说。别叙道统，自尧、舜、禹、汤、文王、周公以至孔子，而斥宋儒曾子传孔子之学，以至子思、孟轲之说为不足信。其言曰：“四科无曾子，而孔子曰参也鲁，则曾子在孔门弟子中，不为最贤。若谓孔子晚岁，独进曾子；或孔子殁后，曾子德加尊，行加修；则无明据。又孔子谓中庸之德民鲜能，而子思作《中庸》。以为遗言，则颜、闵犹无是告；以为自作，则非传也。”此等议论，看似考据精详，实亦凭臆为说。与主张曾子传孔子之道，以及子思、孟子者，同一无据。不足深论。水心之意，亦初不在此。所以必列叙道统，驳斥旧说，不过以达其崇实黜虚之见而已。水心之言曰："孔子教颜渊：非礼勿视，非礼勿听，非礼勿言，非礼勿动，必欲此身尝行于度数折旋之中。而曾子告孟敬子，乃以为所贵者动容貌、正颜色、出辞气三事而已。是则度数折旋，皆可忽略而不省；有司徒具其文，而礼因以废。"又曰："《周官》言道则兼艺。《易传》，子思、孟子言道，后世于道，始有异说。益以庄、列西方之学，愈以支离。"其意可概见矣。

宋儒于《戴记》，独尊《大学》《中庸》，诸子中独尊《孟子》，以配《论语》，而为《四书》。固由于《大学》言为学之方，最有系统；(《朱子语录》："问初学当读何书？曰：《六经》《语》《孟》皆当读。但须知缓急。《大学》《语》《孟》，最是圣贤为人切要处。然《语》《孟》随事答问，难见要领。惟《大学》是说古人为学之大凡，体统都具。玩味此书，知得古人所乡，读《语》《孟》便易入，后面功夫虽多，而大体已立矣。"又曰："今且须熟究《大学》作间架，却以他书填补之。"又曰："《大学》是修身治人的规模。如起屋相似，须先打个地盘。")《中庸》所言之精微；《孟子》于诸子中，独为纯正；亦与其道统之说相关也。水心既不信道统之说，故于《学》《庸》《孟子》，咸有诘难，其难《大学》格致之说，曰："《大学》以致知格物，在诚意正心之先。格字可有二解：物欲而害道，格而绝之；物备而助道，格而通之是也。程氏以格物为穷理。夫穷尽物理，则天下国家之道，已无遗蕴，安得意未诚，心未正，知未至？以为求穷理，则未正之心，未诚之意，未致之知，安能求之？故程氏之说不可通。然格物究作何解，殊未能定。盖由为《大学》之书者，自未能明，以致疑误后学也。”其难《中庸》，谓：“《书》惟皇上帝，降衷于下民，即《中庸》天命之为性。若有恒性，即率性之为道。克绥厥猷惟后，即修道之谓教。（案所引三语，出《伪汤诰》。）然言降衷可，言天命不可。何者？天命物所同，降衷人所独也。惟降衷为人所独，故人能率性而物不能。否则物何以不能率性邪？性而曰恒，是以可率。但云受命，则不知当然之理，各以意之所谓当然者率之，则道离于性矣。民有恒性，而后绥之，无加损也。云修则有损益矣。是教者强民从己也。”其难《孟子》，曰：“《洪范》：耳目之官不思，而为聪明，自外入以成其内也。思曰睿，自内出以成其外也。古人未有不内外交相成，而至于圣贤者。古人之耳目，安得不官而蔽于物？思有是非邪正，心有人危道微，后人安能常官而得之？盖以心为官，出孔子后；以性为善，自孟子始；然后学者尽废古人之条目，而专以心为宗主，虚意多，实力少，尧舜以来内外相成之道废矣。”案此诸说，均属牵强。格物之释甚多，是非诚难遽定。然因其说之难定，遂谓古人自不能通，则未免失之武断。水心谓“功力当自致知始”，则《大学》言致知在格物，不云欲致其知者，先格其物，明格物致知，即系一事，原自致知为始也。古书言性，本皆指人性言之。言物性须别之曰物，言人性不须别之曰人，言语之法，自如此也。《孟子》曰：“耳目之官不思，而蔽于物，物交物，则引之而已矣。心之官则思。思则得之，不思则不得也。此天之所以与我者。先立乎其大者，则其小者不能夺也。”谓当以心之思，正耳目之蔽，非谓任心而遂废耳目也。谓古人之耳目，安得不官而蔽于物？后人之心，安能常思而得之？试问耳目为物所引，果有此事乎？无此事乎？耳目为物所蔽，不借心之思以正之，将何以正之乎？心不能常思而得，将废心而专任耳目乎？抑当致力于治心乎？水心曰：“唐虞三代，上之治为皇极，下之教为大学，行之天下为中庸。汉以来无能明之者。今世之学始于心，而三者始明。然唐虞三代，内外无不合，故心不劳而道自存。今之为道者，独出内心以治外，故常不合。”夫心思耳目，非对立而为二物也。用耳目者，非能不用心思；而心思亦非能离耳目而为用也。（物交物则引之，所引者仍系其心。谓心随耳目之欲，而不思其邪正也。若竟废耳目之用，则本无物欲之蔽矣。）今乃曰：自外入以成其内，自内出以治其外，其说果可通乎？

水心于太极先后天之说，亦皆加以驳诘。谓孔子《彖辞》，无所谓太极。太始太素等茫昧荒远之说，实惟庄、列有之。又谓《河图》《洛书》之说，已为怪诬，况于先后天乎？孔子系《易》，辞不及数。惟《大传》称大衍之数五十，其下文有五行生成之数。五行之物，遍满天下，触之即应，求之即得，而谓其生成之数，必有次第，盖历家立其所起，以象天地之行，不得不然。《大传》以《易》之分揲象之，盖《易》亦有起法也。《大传》本以《易》象历，而“行反以为历本于《易》。夫论《易》及数，非孔氏本意，而谓历由《易》起，揠道以从数，执数以害道”云云。此说诚亦有理。然太始太素等名，见于《易纬》。纬书固多怪迂之论，中亦多存经说。谓其不足信则可，谓非古说则不可。专言数诚非孔氏之意。然古代哲学，与天文历数，相关极密。谓孔子不专言数则可，必谓言数之说，尽出后人附会，亦非。水心谓“天地阴阳，最忌以密理窥测”。推其意，必专就事论事；高深玄远之说，一语不及而后可。然哲学固不容如是也。

水心又论“黄叔度为后世颜子”之说云：“孔子所以许颜子者，皆言其学，不专以质。汉人不知学，以质为道。遂使老、庄之说，与孔、颜并行。”案宋儒好言“圣贤气象”。在彼修养之余，诚不能谓无所见。然亦有入魔道处。水心此论，颇中其失。

水心既以实角为主，自不免功利之见。故谓“正谊不谋利，明道不计功，初看极好，细看全疏阔。古人以利与人，而不自居其功，故道义光明。既无功利，则道义乃无用之虚语耳”。殊不知上下交征利，势必至于不夺不厌。未有仁而遗其亲，未有义而后其君，正古人之以义为利；而正谊不谋利，明道不计功，亦正所以规远利也。此等说，皆未免失之偏激。

凡主张功利之说者，世人每谓其心术不可问，此实不然。彼不过立说少偏耳，其意，固欲以利人也。若但图自利，则鸡鸣而起，孳孳为之可矣；而何必著书立说，以晓天下乎？故主张功利之说者，其制行，往往高洁过人，方正不苟。以其策书与主张道义之人异，其蕲向则同也。水心当韩侂胄用兵时，尝一出任事，以是颇为论者所讥。此实理学家好苛论人，而不察情实之弊。不可不有以正之。案水心当淳熙时，屡以大仇未复为言。开禧欲用兵，除知建康府。顾力言此事未可易言，欲先经营淮、汉，使州有胜兵两万，然后挑彼先动，因复河南；河南既复，乃于已得之地，更作一重，为进取之计。实为老谋胜算。而侂胄急于建功（急于建功，便是私意），不能用。水心又上劄子，请修实政，行实德。意主修边而不急于开边，整兵而不急于用兵。尤欲节用减赋，以宽民力。时亦以为迂缓，不能用。但欲借其名以草诏。水心力辞。则其不同侂胄之轻举，彰彰矣。兵既败，乃出安集两淮。力陈救败之计。旋兼江淮制置，措置屯田。时传言金兵至。民渡江者亿万，争舟至覆溺。吏持文书至官，皆手颤不能出语。水心叹曰："今竟何如？"乃用门下士滕宬计，以重赏募勇士，渡江劫其营。十数往返，俘馘踵至。士气稍奋，人心稍安。金人乃解。水心相度形势，欲修沿江堡坞，与江中舟师相掎。自此渐北，抚用山水寨豪杰。中朝争于求和。水心以为不必，请先自固，徐为进取之图。盖其审慎于启衅之先，效命于偾军之际，其忠忱才略，咸有足多者。而忍以一节轻议之哉？况所议者，皆捕风捉影，不察情实之谈乎？侂胄既死，其党许及之、曾孝友等，惧得罪，反劾水心附会用兵，以图自免。遂夺职奉词。前此封事具在，竟莫能明其本末。亡国之是非必不明，功罪必倒置，可为浩叹矣。水心弟子周南（字南仲，吴县人），北伐时，尝奉长枢密院机速房之命。辞曰："吾方以先事造兵，为发狂必死之药，敢乡迩乎？"卒不受命。侂胄之诛，水心弟子与者三人。（赵汝谈、汝谠、王大受。汝谠，字蹈中，大梁人。大受，字宗可，一字拙斋，饶州人）亦可见水心之宗旨矣。水心既废，杜门家居，绝不自辩，尝叹"女真复为天祚，他人必出而有之"。又谓"自战国以来，能教其民而用之，唯一诸葛亮，非驱市人之比。故其国不劳，其兵不困，虽败而可战。"其经纶又可见矣。其《与丁少詹书》（丁希亮，字少詹，黄严人。水心弟子），谓"世间只常理。所谓豪杰卓然兴起者，不待教诏而自能，不待勉强而自尽耳。至于以机变为经常，以不逊为坦荡，以窥测隐度为义理，以见人隐伏为新奇，以跌荡不可羁束为通透，以多所疑忌为先觉，此道德之弃材也。读书之博，只以长敖；见理之明，只以遂非"云云。则卓然儒者之言，虽程、朱无以逾其淳也。然则世之踔弛自喜，好为大言，而实际并无工夫，隐微之地，且不可问；而顾谬托于功利之论，以哗世而愚众者，宁非言功利者之罪人哉？

永康之学，源于东莱。然东莱之论，实与永康绝异，不可不察也。东莱与叶正则书曰："静多于动，践履多于发用，涵养多于讲说，读经多于读史，功夫如此，然后可久可大。”与朱侍讲曰：“向来一出，始知时事益难平，为学功夫益无穷，而圣贤之言益可信。”其与陈同甫，则曰：“井渫不食，正指汲汲于济世者。所以未为井之盛？盖汲汲欲施，与知命者殊科。孔子请讨见却，但曰以吾从大夫之后，不敢不告；孟子虽有自任气象，亦云吾何为不豫哉？殆可深镜也。”则实非急于功名之流。其论政事，亦恒以风俗为重。所撰《礼记说》，訾“秦汉以来，外风俗而论政事”。《论语说》曰：“后世人所见不明，或反以轻捷便利为可喜，淳厚笃实为迟钝，不知此是君子小人分处。”《与学者及诸弟书》曰：“尝思时事所以艰难，风俗所以浇薄，推其病原，皆由讲学不明之故。若使讲学者多，其达也，自上而下，为势固易；虽不幸皆穷，然善类既多，熏蒸上腾，亦有转移之理。虽然，此特忧世之论耳。中天下而立，定四海之民，所性不存焉，此又当深长思也。”皆卓然儒者之论。其论自治，谓：“析理当极精微，毫厘不可放过。”又谓：“步趋进退，左右周旋，若件件要理会，必有不到。惟常存此心，则自然不违乎理。”颇能兼朱、陆之长。史称东莱少时，性极褊。后病中读《论语》，至“躬自厚而薄责于人”有省，遂终身无暴怒。《困学纪闻》纪其言，谓“争校是非，不如敛藏收养”，则其气象宽博，自有过人者。宜其不与于朱、陆之争，且能调和二家也。

东莱死后，其弟子约，议论渐变。朱子答刘子澄曰：“伯恭无恙时，爱说史学。身后为后生辈糊涂说出一般恶口小家议论。贱王尊霸，谋利计功，更不可听。子约立脚不住，亦曰：吾兄，盖尝言之云尔？”又一书曰：“婺州自伯恭死后，百怪都出。至如子约，别说出一般差异的话。全然不是孔孟规模，却做管商见识。令人骇叹。然亦是伯恭自有些拖泥带水，致得如此，又令人追恨也。”答潘端叔曰：“子约所守，固无可疑。然其论甚怪。教得学者相率舍道义之途，以趋功利之域。充塞仁义，率兽食人，不是小病。故不免极力陈之。以其所守言之，固有过当。若据其议论，则亦不得不说到此地也。”可见功利之说，皆起于子约时矣。然其主持，实以陈同甫为最力。故朱子答黄鲁直书，谓“婺州近日一种议论愈可恶。大抵名宗吕氏，而实主同甫”。《语类》又谓“伯恭门人，亦有为同甫之说”者也。

同甫之为人，不如水心之纯；其才，亦不如水心之可用。（水心行事具见前。龙川落魄，以疏狂为侠。尝三下大理狱。其言曰：“研穷义理之精微，辨析古今之同异；原心于秒忽，较理于分寸；以积累为工，以涵养为主，晬面盎背，则于诸儒诚有愧焉。至于堂堂之陈，正正之旗；风雨云雷，交发而并至；龙蛇虎豹，变见而出殁；推倒一世之智勇，开拓万古之心胸；自谓差有一日之长。”乃大言耳。）然其论王霸义利之说，则其攻驳当时之论，实较水心为有理致，不可诬也。龙川之言曰：“自孟荀论义利王霸，汉唐诸儒，未能深明其说。本朝伊洛诸公，辨析天理人欲，而王霸义利之说，于是大明。然谓三代以道治天下，汉唐以智力把持天下，固已使人不能心服。而近世诸儒，遂谓三代专以天理，汉唐专以人欲行。其间有与天理暗合者，是以亦能久长。亮以为汉唐之君，本领非不洪大开廓。惟其时有转移，故其间不无渗漏。谓之杂霸者，其道固本于王也。诸儒自处者，曰义曰王；汉唐做得成者，皆曰利曰霸。一头自如此，一头自如彼。说得虽甚好，做得亦不恶。如此，却是义利双行，王霸并用。如亮之说，却是直上直下，只有一个头颅做得成耳。”又曰："心之用，有不尽而无常泯，三代，做之尽者也；汉唐，做不到尽者也。本末感应，只是一理。使其田地根本，无有是处，安得有小康？”龙川之说，盖谓义之与利，王之与霸，天理之与人欲，惟分量多少之异，性质则初无不同也。蕺山之言曰："不要错看了豪杰。古人一言一动，凡可信之当时、传之后世者，莫不有一段真至精神在内。不诚则无物，何从生出事业来？”与龙川之言，若合符节。如龙川、蕺山之言，则天下惟有一理，可以成事。如朱子之说，转似伪者，有时亦可成事矣。其意欲使道尊，而不知适以小之也。且如朱子之说，则世之求成事者，将皆自屏于道之外，而道真为无用之物矣。龙川又极论其弊曰："以为得不传之绝学者，皆耳目不洪、见闻不逻之辞也。人只是这个人，气只是这个气，才只是这个才。譬之金银铜铁，炼有多少，则器有精粗。岂其本质之外，挨出一般，以为绝世之美器哉。故浩然之气，百炼之血气也。使世人争惊高远以求之，东扶西倒，而卒不着实而适用，则诸儒所以引之者过矣。”又曰：“眼盲者摸索得着，谓之暗合。不应两千年之间，有目皆盲也。亮以为后世英雄豪杰，有时闭眼胡做，遂为圣门之罪人。及其开眼运用，无往而非赫日之光明。今指其闭眼胡做时，便以为盲无一分光。指其开眼运用时，只以为偶合天下之盲者能几？利欲汩之则闭。心平气定，虽平平眼光，亦会开得。况夫光如黑漆者，开则其正也，闭则霎时浮翳耳。今因吾眼之偶开，便以为得不传之绝学。画界而立，尽绝一世之人于门外。而谓两千年之君子，皆盲眼不可点洗；两千年之天地日月，皆若有若无；世界皆是利欲，斯道之不绝者，仅如缕耳。此英雄豪杰，所以自绝于门外；以为建功立业，别是法门；这些好说话，且与留着妆景足矣”。案世谓儒术迂疏，正是如此。龙川之言，亦可深长思也。

凡讲学家，往往设想一尽美尽善之境以为鹄。说非不高，然去实际太远，遂至成为空话。中国人素崇古，宋儒又富于理想，用举其所谓尽美尽善之境，一一传之古人；而所谓古人者，遂成为理想中物。以此期诸实际，则其功渺不可期；以此责人，人亦无以自处矣。此亦设想太高、持论太严之弊也。龙川与朱子书曰：“秘书以为三代以前，都无利欲，都无要富贵的人。今诗书载得如此洁净，只此是正大本子。亮以为才有人心，便有许多不洁净。”破理想之空幻，而据实际以立论，亦理学家所当引为他山之石也。

所谓义利，往往不可得兼。然此自系格于事实，以致如此。若论究竟，则二者之蕲向，固未尝不一。所谓舍利而取义者，亦以格于事势，二者不可得兼云然，非有恶于利也。主张之过，或遂以利为本不当取，则又误矣。龙川之言曰："不失其驰，舍矢如破，君子不必于得禽也，而非恶于得禽也。范我驰驱，而能发必命中者，君子之射也。岂有持弓矢审固，而甘心于空反者乎？"亦足箴理学家偏激之失也。

龙川之论，朱子拒之如洪水猛兽，又视其辟江西为严，然其议论之可取如此。亦可见道理之弘，不容执一成之见以自封矣。然朱子之言，亦有足资警惕者。朱子答吕子约书曰："孟子一生，忍穷受饿，费尽心力，只破得枉尺直寻四字。今日诸贤，苦心劳力，费尽言语，只成就得枉尺直寻四字。"其言足资猛省。盖谓凡能成事者，皆有合于当然之道，不得谓惟吾理想中之一境有合，而余皆不合，其言自有至理。然世事错综已极，成否实难预料。就行事论，只能平心静气，据我所见为最是者，尽力以行之，而不容有一必其成功之念。苟欲必其成功，则此心已失其正。成功仍未可必，所行先已不当矣。故论事不宜过严，而所以自律者，则本源之地，不容有毫发之间。龙川箴朱子立论之过隘，朱子讥龙川立心之未淳，其言亦各有一理也。

宋儒术数之学

宋儒术数之学，其源有二：一则周子之《太极图》，邵子之《先天图》，与《参同契》为一家言，盖方士修炼之书也；一则天地生成之数，司马氏之《潜虚》，及刘氏、蔡氏、《河图》、《洛书》之说本之。

所谓天地生成之数者？其说见于郑氏之《易注》。《易系辞传》曰："天一，地二。天三，地四。天五，地六。天七，地八。天九，地十。"又曰："天数五、地数五，五位相得而各有合。天数二十有五、地数三十。凡天地之数，五十有五，此所以成变化而行鬼神也。"一、三、五、七、九为天数，二、四、六、八、十为地数，所谓天数五，地数五也。一、三、五、七、九相加，为二十有五，二、四、六、八、十相加，为三十，所谓天数二十有五、地数三十也。二十五与三十相加，为五十有五，则《易》所言之凡数也。郑氏《注》曰："天一生水于北，地二生火于南，天三生木于东，地四生金于西，天五生土于中。阳无耦，阴无妃，未得相成。于是地六成水于北，与天一并；天七成火于南，与地二并；地八成木于东；与天三并；天九成金于西，与地四并；地十成土于中，与天五并。"此所谓五行生成之数。《汉书·五行志》《左氏》昭公九年："裨灶曰：火，水妃也，妃以五成。"《疏》引《阴阳之书》，言五行妃合；十八年，"梓慎曰：水，火之牡也。"《疏》引《阴阳之书》，言五行嫁娶，说皆略同。后人于郑氏之说，或多驳难，然非此无以释五位相得而各有合也。《月令》言五方，木、火、金、水皆成数，惟土为生数。《太玄玄图篇》云："一与六共宗，二与七为朋，三与八成友，四与九同道，五与五相守。"说亦大同，惟中央不言五与十而已。司马氏《潜虚》所用，即系此数。

温公《潜虚》，亦从万物之所由来说起。由此推原人性，而得其当然之道。其说曰："万物皆祖于虚，生于气。气以成体。体以受性。性以辨名。名以立行。行以俟命。故虚者，物之府也。气者，生之户也。体者，质之具也。性者，神之赋也。名者，事之分也。行者，人之务也。命者，时之遇也。"盖亦欲通天人之故者也。（谓万物皆祖于虚，不如张子泯有无为一之当。）

其《气图》：以五行分布五方，用其生数为原、荧、本、卝、基，而以其成数为委、焱、末、刃、冢。以此互相配合，其数五十有五，尽成级数，是为《体图》。《体图》一等象王，二等象公，三等象岳，四等象牧，五等象率，六等象侯，七等象卿，八等象大夫，九等象士，十等象庶人。其说曰："少以制众，明纲纪也。位愈卑，詘愈多，所以为顺也。"又以五行生成之数递相配，其数亦五十有五，谓之《性图》。（其中以水配水，以火配火，谓之十纯。其余谓之配。）又

体图

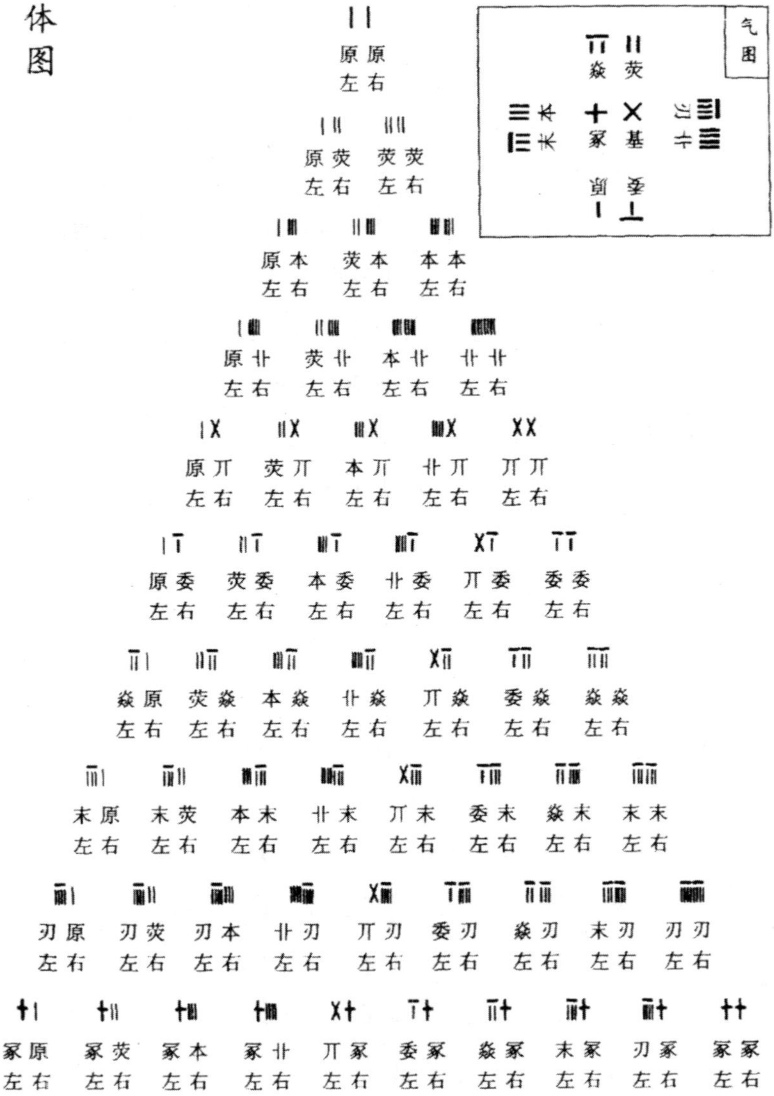
原原
左右
原荧 荧荧
左右 左右
原本 荧本 本本
左右 左右 左右
原卝 荧卝 本卝 卝卝
左右 左右 左右 左右
原丌 荧丌 本丌 卝丌 丌丌
左右 左右 左右 左右 左右
原委 荧委 本委 卝委 丌委 委委
左右 左右 左右 左右 左右 左右
焱原 荧焱 本焱 卝焱 丌焱 委焱 焱焱
左右 左右 左右 左右 左右 左右 左右
末原 末荧 本末 卝末 丌末 委末 焱末 末末
左右 左右 左右 左右 左右 左右 左右 左右
刃原 刃荧 刃本 卝刃 丌刃 委刃 焱刃 末刃 刃刃
左右 左右 左右 左右 左右 左右 左右 左右 左右
冢原 冢荧 冢本 冢卝 丌冢 委冢 焱冢 末冢 刃冢 冢冢
左右 左右 左右 左右 左右 左右 左右 左右 左右 左右
气图
焱 荧
冢 基

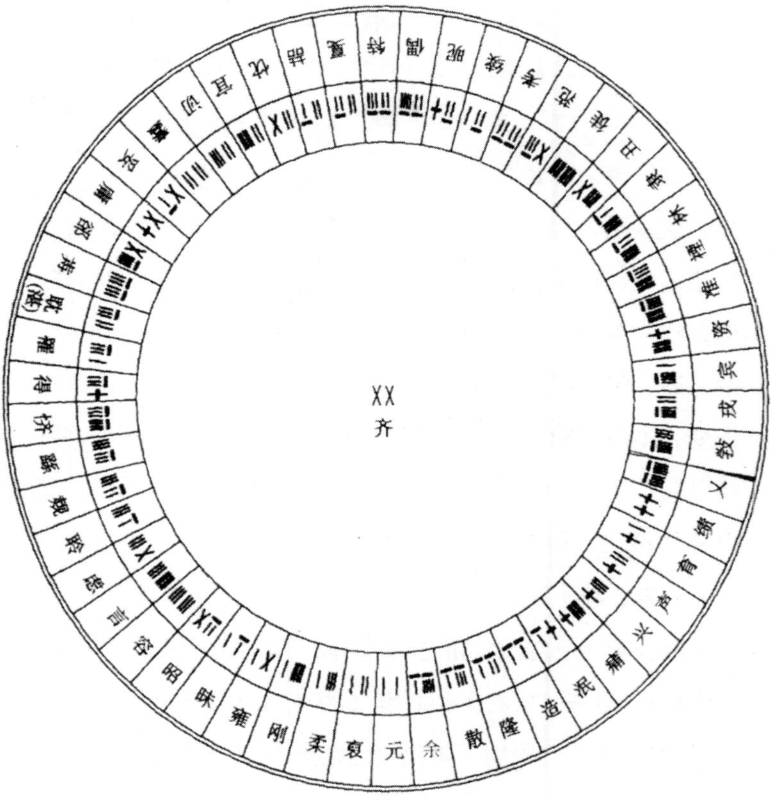

以一至十之数互相配，各为之名，亦得五十五。其中以五配五曰齐，居中。余则规而圆之，始于元而终于余。是为《名图》。齐包于万物，无位。元，余者，物之终始，无变。余各有初、二、三、四、五、六、上七变。凡三百六十四变。变尸一日。授于余而终之。其说曰："人之生本于虚。虚然后形。形然后性。性然后动。动然后情。情然后事。事然后德。德然后家。家然后国。国然后政。政然后功。功然后业。业终则反于虚矣。故万物始于元，著于裒，存于齐，消于散，讫于余。五者，形之运也。柔、刚、雍、昧、昭，性之分也。容、言、虑、聆、觌，动之官也。繇、懠，得、罹、耽，情之訹也。㫖、却、庸、妥、蠢，事之变也。讱、宜、忱、喆、戛，德之途也。特、偶、昵、续、考，家之纲也。范、徒、丑，隶、林，国之纪也。禋、准、资、宾、或，政之务也。教、乂、绩、育、声，功之具也。兴、痡、泯、造、隆，业之著也。”盖欲以遍象万事也。元、余、齐无变，不占。初、上者，事之终始，亦不占。余五十二名，各以其二、三、四、五、六为占。五行相乘，得二十五；又以三才乘之，得七十五以为策。虚其五而用七十占之。其占，分吉、臧、平、否、凶五者。

温公好《太玄》，留心三十年，集诸说而作注。其作《潜虚》，自云：“《玄》以；佴《易》，《虚》以拟《玄》。”《玄》起冬至，终大雪，盖象物之始终。《虚》亦然。其系元之辞曰：“元，始也。夜半，日之始也。朔，月之始也。冬至，岁之始也。”继之以裒，曰：“裒，聚也。气聚而物，宗族聚而家，圣贤聚而国。”终之以散，继之以余，盖亦象物之始终。其思想，实未能出于《太玄》之外。此等书，殊可不必重作也。

温公《潜虚》，虽不足贵，而其践履，则有卓然不可诬者。温公之学，重在不欺。自谓“生平所为，未尝不可对人言”。弟子刘安世，问：“有一言而可以终身行之者乎？”曰：

“其诚乎？”问其目。曰：“自不妄语始。”安世学之，七年而后成，故能屹然山立。论者称涑水门下，忠定（安世谥）得其刚健笃实，范正献（祖禹）得其纯粹云。传温公之数学者，则晁景迂也。

景迂从温公游，又从杨贤宝（康节弟子）传先天之学，姜至之讲《洪范》。温公著《潜虚》，未成而病，命景迂补之；景迂谢不敏。所著书，涉于《易》者甚多，今惟《易玄星纪谱》，尚存《景迂集》中。其书，乃将温公之《太玄历》，康节之《太玄准易图》，据历象合编为谱，以见《易》与《玄》之皆本于天也。

五行生成之数，郑氏以之注《系辞传》天地之数，其注大衍之数亦用之。其注“河出图，洛出书”，则引《春秋纬》云：“河以通乾出天苞，洛以流坤吐地符。河龙图发，洛龟书成。《河图》有九篇，《洛书》有六篇。”初不言九篇、六篇所载为何事。《汉书·五行志》载刘歆之言曰：“虑牺氏继天而王，受《河图》，则而画之，八卦是也。禹治洪水，赐《雒书》，法而陈之，《洪范》是也。”（张衡《东京赋》：“《龙图》授羲，《龟书》畀姒。”）始以《河图》为八卦，《洛书》为五行。（《伪孔传》及《论语集解》引孔氏，亦皆以《河图》为八卦。）然亦仅言八卦五行，出于《图》《书》，而《图》《书》究作何状，则莫能质言。（邢昺《论语疏》：“郑玄以为《河图》《洛书》，龟龙衔负而出。如《中候》所说：龙马衔甲，赤文绿字。甲似龟背，袤广九尺。上有列宿斗正之度，帝王录纪兴亡之数。”云“列宿斗正之度”，似《图》；云“帝王录纪兴亡之数”，则亦似《书》矣。又云：“赤文绿字，甲似龟背”，则龙马所负，亦龟书也。《隋志》：“《河图》二十卷。《河图龙文》一卷。其书出于前汉。有《河图》九篇，《洛书》六篇。自黄帝至周文王所受本文。又别有三十篇，云自初起至于孔子九圣之所增演，以广其意。”其书既亡，无可究诘。《汉书·五行志》，以“初一日”以下六十五字，皆为《洛书》本文；孔以“初一日”等二十七字，系禹加；刘歆、顾焯以为龟背有二十八字，刘炫谓止二十字，亦皆以意言之而已。要之《河图》《洛书》，本神怪之谈，无从征实。必欲凿求，适成其为痴人说梦而已。）至宋时，始有所谓《易龙图》者，托诸陈抟。（见李淑《邯郸书目》。）朱子已明言其伪。清胡渭《易图明辨》，谓其图见于张仲纯《易象图说》者凡四：其第一图，即天数二十有五，地数三十；第二图上为五行生数，下为五行成数；第三图合二者为一；第四图则所谓“戴九履一，左三右七，二四为肩，六八为足，五为腹心，纵横数之皆十五”者也。其数与《大戴记》明堂九室（《大戴记·明堂篇》：“明堂者，古有之也。凡九室。二、九、四；七、五、三；六、一、八。”）及《后汉书。张衡传》注引《易乾凿度》同。案《后汉书·刘瑜传》：瑜上书：“《河图》授嗣，正在九房”，则以此数为《河图》。然九宫之数，合于九畴，故又有以此为《洛书》者。

宋刘牧撰《易数钩隐图》，就《龙图》天地已合之数，虚其中，以上图为两仪，下图为四象，以为《河图》，其有五数及十数者为《洛书》。蔡元定则以第三图为《河图》，第四图为《洛书》。引关朗《易传》为证。《易传》曰："《河图》之文，七前六后，八左九右。圣人观之以画卦。是故全七之三以为离，奇以为巽。全八之三以为震，奇以为艮。全六之三以为坎，奇以为乾。全九之三以为兑，奇以为坤。正者全其位，隅者尽其量。《洛书》之文，九前一后，三左七右；四前左，二前右，八后左，六后右。后圣稽之为三象：一、四、七为天生之数，二、五、八为地育之数，三、六、九为人资之数。"所谓则图画卦者，与刘牧之《四象生八卦图》合，宋时言《图》《书》者，所由以《图》《书》附合于《易》也。（刘氏曰："水居坎而生乾，金居兑而生坤，火居离而生巽，木居震而生艮。"谓水数六，除三画为坎，余三画为干；金数九，除三画为兑，余六画为坤；火数七，除三画为离，余四画为巽；木数八，除三画为震，余五画为艮也。乾坤艮男，画数恰合，巧矣。然坎离震兑皆止三画，殊不可通。）关朗易传，乃北宋阮逸所造伪书，见陈无己《后山丛谈》；实本诸刘牧，而又小变其说者，蔡氏为所欺也。

《东都事略·儒学传》谓："陈抟读《易》，以数学授穆脩，脩以授种放，放授许坚，坚授范谔昌。"朱汉上《经筵表》谓："陈抟以《先天图》传种放，放传穆脩，脩传李之才，之才传邵雍。（明道志康节墓，亦谓其学得之李挺之，挺之得之穆伯长。）放以《河图》《洛书》传李溉，溉传许坚，坚传范谔昌，谔昌传刘牧。脩以《太极图》传周敦颐，敦颐传程颢、程颐。”晁公武《郡斋读书志》:“《易证坠简》一卷。天禧中，毗陵从事范谔昌撰。自谓其学出于溢浦李处约、庐陵许坚。”处约不知即溉否。然邵之学，出于《先天图》；刘牧之学，出于《河图》《洛书》；周子之学，出于《太极图》，则不可诬也。

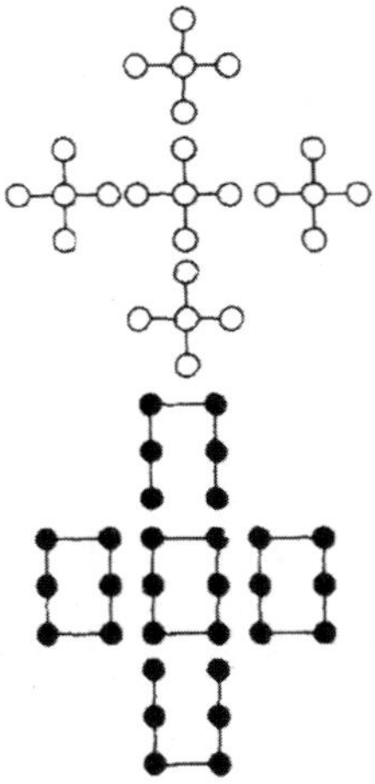

一、天地未合之数

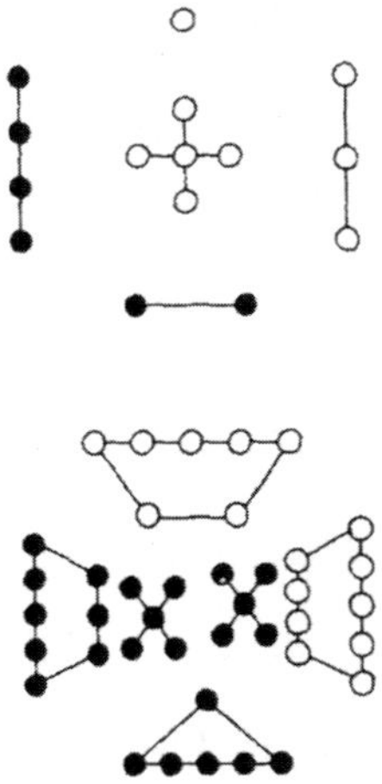

二、天地已合之数

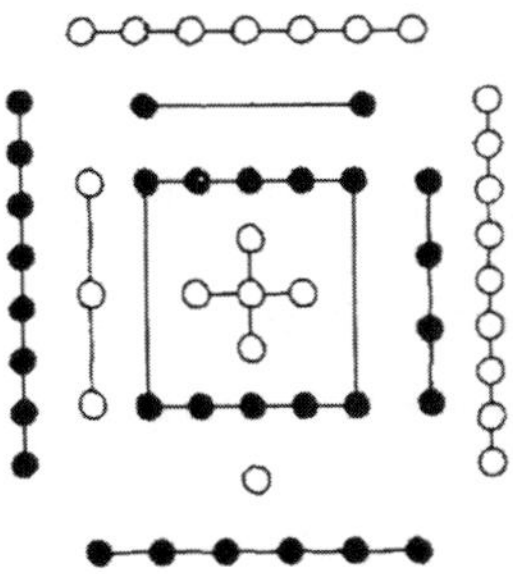

三、天地生成之数

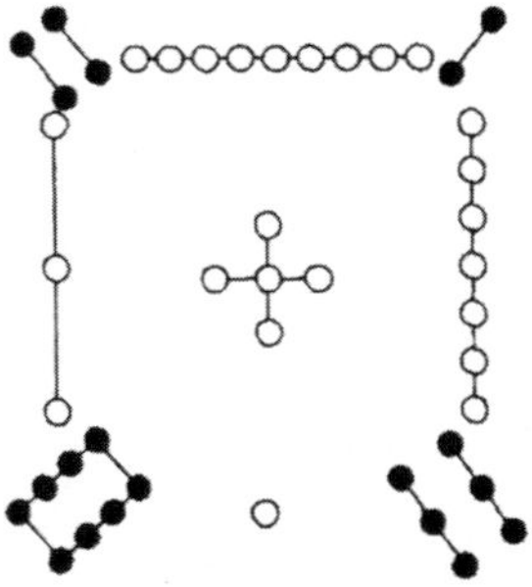

四、《洛书》纵横十五之象

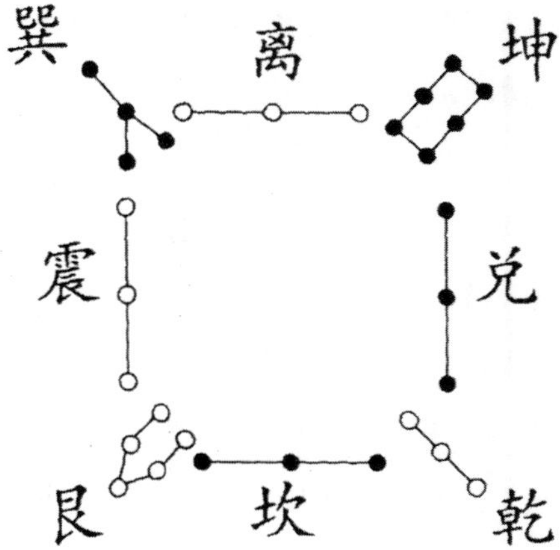

南渡以后，精于数学者，莫如蔡西山父子。西山以十为《河图》(五行生成数)，九为《洛书》(九宫)。又谓“《河图》、《洛书》虚其中为太极。奇耦各居二十(谓一、三、七、九，与二、四、六、八，相加皆为二十)，则亦两仪。一、六为水，二、七为火，三、八为木，四、九为金，五、十为土，固《洪范》之五行，而五十有五，又九畴之子目也。(五行五，五事五，八政八，五纪五，皇极一，三德三，稽疑七，庶征十，福极十一。)《洛书》一、二、三、四，而合九、八、七、六，纵横十五，而互为九、八、七、六，则亦四象也。四方之正，以为乾、坤、离、坎，四隅之偏；以为兑、震、巽、艮(此邵子先天方位)，则亦八卦也。《洛书》固可以为《易》，《河图》固可以为《范》；且又安知《图》之不为《书》，《书》之不为《图》邪？”又曰：“太极者，象数未形，而其理已具之称；形器已具，而其理无朕之目。在

《河图》《洛书》，皆虚中之象也。周子曰‘无极而太极’；邵子曰‘道为太极’，又曰‘心为太极’，此之谓也。太极之判，始生一奇一耦，而为一画者二，是为两仪。其数则阳一而阴二。在《河图》《洛书》，则奇耦是也。周子所谓太极动而生阳；动极而静，静而生阴；静极复动；一动一静，互为其根；分阴分阳，两仪立焉；邵子所谓一分为二者，皆谓此也。两仪之上，各生一奇一耦，而为二画者四，是为四象。其位则太阳一，少阴二，少阳三，太阴四；其数则太阳九，少阴八，少阳七，太阴六。以《河图》言之：则六者，一而得于五者也；七者，二而得于五者也；八者，三而得于五者也；九者，四而得于五者也。以《洛书》言之：则九者，十分一之余也；八者，十分二之余也；七者，十分三之余也；六者，十分四之余也。周子所谓水、火、木、金；邵子所谓二分为四者，皆谓此也。四象之上，各生一奇一耦，而为三画者八，于是三才略具，而有八卦之名矣。其位则乾一、兑二、离三、震四、巽五、坎六、艮七、坤八。在《河图》：则乾、坤、离、坎，分居四实；兑、震、巽、艮，分居四虚。在《洛书》：则乾、坤、离、坎，分居四方；兑、震、巽、艮，分居四隅。《周礼》所谓三易经卦各八；大传所谓八卦成列：邵子所谓四分为八者，皆指此而言也。”（以上皆引《易学启蒙》。此书实西山所撰也。）盖将先天、太极，及宋人所谓《河图》《洛书》者，通合为一矣。

西山于《洪范》之数，未及论著，皆以授九峰。九峰著《洪范皇极》，以九九之数为推。其言曰："数始于一，参于三，究于九，成于八十一，备于六千五百六十一。八十一者，数之小成也；六千五百六十一者，数之大成也。天地之变化，人事之始终，古今之因革，莫不于是著焉。"又曰："一变始之始，二变始之中，三变始之终。四变中之始，五变中之中，六变中之终。七变终之始，八变终之中，九变终之终。数以事立，亦以事终。"盖欲以数究万物之变者也。此等说，太觉空漠，无可征验，即无从评论其是非。然《洪范皇极》，颇多微妙之言。今略引数条于下：

九	八十一	七百二十九	六千五百六十一
八	七十二	六百四十八	五千八百三十二
七	六十三	五百六十七	五千一百有三
六	五十四	四百八十六	四千三百七十四
五	四十五	四百有五	三千六百四十五
四	三十六	三百二十四	二千九百一十六
三	二十七	二百四十三	二千一百八十七
二	十八	一百六十	一千四百五十八
一	九	八十一	七百二十九

九九积数图

《洪范皇极》曰："有理斯有气，气著而理隐。有气斯有形，形著而气隐。人知形之数，而不知气之数；人知气之数，而不知理之数。知理之数则几矣。动静可求其端，阴阳可求其始。天地可求其初，万物可求其纪。鬼神知其所幽，礼乐知其所著。生知所来，死知所去。《易》曰：‘穷神知化，德之盛也。’”形者，已成之局。气者，形之原因。理又气之原因。数者，事之必然。知理之数，则形气自莫能外矣。故以为穷神知化也。

又曰：“欲知道，不可以不知仁。欲知仁，不可以不知义。欲知义，不可以不知礼。欲知礼，不可以不知数。数者，礼之序也。知序则几矣。”仁义二者，仁为空名，义则所以行仁。礼之于义亦然。数者，礼之所以然也。知数，则所行之礼，皆不差忒；于仁义无遗憾，于道亦无不合矣。此说将仁、义、礼一以贯之，即所以使道与数合而为一也。

又曰：“数运无形而著有形。智者一之，愚者二焉。数之主生，化育流行。数之已定，物正性命。圆行方止，为物终始。随之而无其端也，迎之而无其原也。浑之唯一，析之无极。惟其无极，是以唯一。”此言原因结果之间，所以无毫厘差忒者，以其本是一体。惟本是一体，而分析特人所强为，故毫厘不得差忒。以其析之无穷，而仍毫厘不得差忒。可见其本是一体，而分析特人之所为也。

又曰：“数者，动而之乎静者也。象者，静而之乎动者也。动者，用之所以行。静者，体之所以立。用既为体，体复为用。体用相仍，此天地万物所以化生而无穷也。”此所谓静者，谓人所能认识之现象；动者，现象之所由成也。用既为体，体复为用，言现象皆有其所以然之原因；而此现象，复为他现象之原因也。

又曰:“顺数则知物之所始，逆数则知物之所终。数与物非二体也，始与终非二致也。大而天地，小而毫末；明而礼乐，幽而鬼神。知数即知物也，知始即知终也。九峰所谓数，即宇宙定律之谓。明乎宇宙定律，则于一切事物，无不通贯矣。故曰:‘物有其则，数者尽天下之物则；事有其理，数者尽天下之物理’也。”

以上所引，皆《洪范皇极》中精语。略举数条，不能尽也。然亦可见宋代理学家；其学虽或偏于术数，而其意恒在明理；其途径虽或借资异学，而多特有所见，不为成说所囿。后人訾謷之辞，实不尽可信也。

阳明之学

阳明之学，盖远承象山之绪。而其广大精微，又非象山所及。

一种哲学，必有其特异之宇宙观及人生观。此理前已言之。阳明之学，虽不能离乎宋儒，而别为一学；然以佛教譬之，固卓然立乎程朱之外，而自成一宗者矣。其宇宙观及人生观，果有以特异于程朱乎？曰：有。

宋学至朱子而集其大成。其异乎朱子者，如陆子，则当阳明时，其说不甚盛行。故朱子之学，在当时，实宋学之代表也。朱子以宇宙之间，有形迹可指目想象者，皆名为气；而别假设一所以然者，名之曰理。形迹之已然者，不能尽善；然追溯诸未然之时，固不能谓其必当如是。故以理为善，凡恶悉委诸气。本此以论人，则人人可以为善，而未必人人皆能为善。其可以为善者理，使之不能为善者气也。于是分性为义理、气质两端。义理之性，惟未生时有之；已堕形气之中，则无不杂以气质者。人欲为善，必须克去其气质之偏，使不为天理之累而后可。朱子论理气及人性之说如此。

阳明之说则不然。阳明以理、气为一，谓："理者气之条理，气者理之运用。无条理固不能运用；无运用，亦无所谓条理矣。”然则所谓理与气者，明明由人之观念，析之为二，在彼则实为一物也。然则理不尽善，气亦不尽善乎？曰：不然。理者，气之流行而不失其则者也。春必继以夏，秋必继以冬，此即气之流行之则，即是理，纯粹至善者也。其流行之际，不能无偶然之失。则如冬而燠，夏而寒，是为愆阳伏阴。愆阳伏阴，卒归于太和。可见流行虽有偶差，主宰初未尝失。主宰之不失，即至善也。（阳明门下，论理气合一最明白者，当推罗整庵。整庵之说曰：“通天地，亘古今，无非一气而已。气本一也，动静往来，阖辟升降，循环无已。积微而著，由著复微。为四时之温凉寒暑，为万物之生长收藏，为斯民之日用彝伦，为人事之成败得失。千条万绪，纷纭轇轕，而卒不克乱。莫知其所以然而然。是即所谓理也。初非别有一物，依于气而立，附于气以行。或因易有大极之说，乃疑阴阳之变易，类有一物主宰乎其间，是不然矣。”〇“理者气之条理”之说，虽畅发于阳明，实亦道原于宋儒。张子谓“虚空即气”，“天地之气，虽聚散攻取百途，然其为理也，顺而不妄”：程子谓“天地之化，一息不留。疑其速也，然寒暑之变甚渐”；朱子曰：“有个天理，便有个人欲。盖缘这天理有个安顿处。才安顿得不恰好，便有个人欲出来”，皆阳明之说之先河也。）

推此以论人，则气即心，理即性。心与性之不可歧而为二，犹理与气之不可歧而为二也。宇宙全体，无之非气，即无之非理。人禀气以生，即禀理以生也。人心千头万绪，感应纷纭而不昧。其感应，流行也；其不昧，主宰也。感应不能无失，犹气之流行，不能无愆阳伏阴。其终能觉悟其非，则即其主宰之不昧也。故理善气亦善，性善心亦善。（上知下愚，所禀者同是一气。然一知一愚者，上知所禀之气清，下愚所禀之气浊也。同一气也，而有清浊之分，何也？曰：气不能无运行，运行则有偏胜杂糅之处。有偏胜杂糅，斯有清浊矣。然论其本，则同是一气。恶在偏胜杂糅，不在气也。故气不可谓之恶。故曰性善。〇宋儒以人之不善，归咎于气质。阳明则归咎于习。所谓习者，非有知识后始有，并非有生后始有，禀气时即有之。气之偏胜，即习之所从出也。如仁者易贪，知者易诈，勇者易暴。其仁即圣人之仁，其知即圣人之知，其勇即圣人之勇；以其所禀者，与圣人同是一气也。其所以流于贪、诈、暴者，则以其气有偏胜故。此当学以变化之。惟虽有偏胜，而其本质仍善，故可变化。若其质本恶，则不可变矣。阳明之说如此，实亦自宋儒之说一转手耳。〇失在流行，不在本体，故只有过不及，无恶。）

气之流行而不失其则者，理也；心之感应而不昧其常者，性也。理与气非二，则性与心非二。欲知气之善，观其流行而不失其则，则知之矣；欲求心之善，于其感应之间，常勿失其主宰，即得之矣。此主宰，即阳明之所谓知也。而致良知之说以立。

夫谓良知即人心之主宰者，何也？阳明以天地万物为一体。其言曰："自其形体而言谓之天。自其主宰而言谓之帝。

自其流行而言谓之命。自其赋于人而言谓之性。自其主于身而言谓之心。心之发谓之意。意之体谓之知。其所在谓之物。”盖宇宙之间，本无二物。我之所禀以生者，即宇宙之一部分；其原质，与天地万物无不同。（故曰：人与天地万物一体，非以天地万物为一体也。阳明之言曰：“人的良知，就是草木瓦石的良知。岂惟草木瓦石，天地无人的良知，亦不可为天地矣。盖天地万物，与人原是一体。其发窍之最精处，是人心一点灵明。故五谷禽兽之类，皆可以养人；药石之类，皆可以疗疾。只为同此一气，故能相通耳。”钱绪山曰：“天地间只有此知。天只此知之虚明；地只此知之凝聚；鬼神只此知之妙用；日月只此知之流行；人与万物，只此知之合散；而人只此知之精粹也。此知运行，万古有定体，故曰太极。无声臭可即，故曰无极。”欧阳南野曰：“道塞乎天地之间，所谓阴阳不测之神也。神凝而成形，神发而为知。知也者，神之所为也。神无方无体。其在人，为视听，为言动，为喜怒哀乐。其在天地万物，则发育峻极。故人之喜怒哀乐，与天地万物，周流贯彻，而无彼此之间”云云。阳明之学，于一元之论，可谓发挥尽致矣。）而此原质，自有其发窍最精之处。此处即我之心。心也，意也，知也，同物而异名。故用力于知即用力于心。而用力于心，即用力于造成我之物质发窍最精之处也。此致良知之说所由来也。

不曰用力于心，而曰用力于知者，何也？曰：心、意、知同体不离：舍意则无以见心，舍知则无以见意也。故曰：

"心无体，以知为体。"然知亦非能离所知而独存也。故曰："知无体，以感应是非为体。""心之本体至善，然发于意则有善有不善。"此犹主宰虽是，而流行之际，不能无差也。意虽有善有不善，"然知是知非之知，未尝不知"。则犹流行偶差，而主宰常存也。心之体，既必即意与知而后可见，则欲离意与知而用力于心者，自系邪说波辞。故曰："欲正心者，本体上无可用功。必就其发动处著力。知其是而为之，知其非而不为，是为致知。知至则意诚，意诚则心正，心正则身修。故曰：大学之要，在于诚意。诚意之功，在于格物。诚意之极，厥惟止至善"也。阳明之学之纲领如此。

所谓格物者，非谓物在外而以吾心格之也。意之所在谓之物。故曰："意在于事亲。事亲便是一物。意在于事君，事君便是一物。意在于仁民爱物，仁民爱物，便是一物。意在于视听言动，视听言动，便是一物。"意之所在谓之物何也？曰："一念未萌，则万境俱寂。念之所在，境则随生。如念不注于目前，则泰山觌面而不睹；念苟注于世外，则蓬壶遥隔而成象"矣。（塘南之言）盖知者能知，物者所知。所之不能离能，犹能之不能离所也。故曰："无心外之理，无心外之物。"故理一者，在我之主宰；分殊者，主宰之流行。故曰："物之无穷，只是此心之生生"而已。故无所谓物之善不善，只有此心之正不正也。（塘南曰："事之体，强名曰心。心之用，强名曰事。其实只是一件，无内外彼此之分也。故未有有心而无事，有事而无心者。故充塞宇宙，皆心也，皆事也，皆物也。”又曰：“心常生者也。自其生生而言，即谓之事。心无一刻不生，即无一刻无事。事本心，故视听言动，子臣弟友，辞受取予，皆心也。洒扫应对，便是形而上者。学者终日乾乾，只默识此心之生理而已。时时默识，内不落空，外不逐物，一了百了，无有零碎本领之分也。”又曰：“盈天地间皆物也，何以格之？惟以意之所在为物，则格物之功，非逐物，亦非离物也。至博而至约矣。”〇尤西川《格训通解》曰：“阳明格物，其说有二，曰：知者意之体，物者意之用。如意在于事亲，即事亲为一物。只要去其心之不正，以全其本体之正。故曰：格者正也。又曰：致知在格物者，致吾心之良知于事事物物。致吾心之良知于事事物物，则事事物物皆得其理矣。致吾心之良知者，致知也。事事物物，皆得其理者，物格也。前说似专举一念，后说则并举事物，若相戾者。然性无内外，而心外无物，二说只一说也。”西川，名时熙，字季美，洛阳人。）

流行、主宰，即是一事。主宰即见于流行之中。非离乎流行，而别有其寂然不动之一时也。故心之动静，亦非二时。欲正心者，必动静皆有事焉。阳明曰：“太极生生之理，妙用无息，而常体不易。太极之生生，即阴阳之生生。就其生生之中，指其妙用无息者，而谓之动，谓之阳之生，非谓动而后生阳也。指其常体不易者，而谓之静，谓之阴之生，非谓静而后生阴也。若静而后生阴，动而后生阳，则是阴静阳动，截然各自为一物矣。”此就宇宙言也。推诸吾心亦如此。故曰."心无动静者也。其静也者，以言其体也；其动也者，以言其用也。故君子之学，无间于动静。其静也，常觉而未尝无也，故常应；其动也，常定而未尝有也，故常寂。常应常寂，动静皆有事焉，是之谓集义。所谓动亦定，静亦定者也。心一而已。静其体也，而复求静根焉，是挠其体也。动其用也，而惧其易动焉，是废其用也。故求静之心即动也，恶动之心非静也。是之谓动亦动，静亦动。故循理之谓静，从欲之谓动。"阳明正心之说，皆自其宇宙观来。故曰：必有新宇宙观，而后有新人生观。人生观与宇宙观，实不容分析为二也。（阳明曰："告子只在不动心上着功。孟子便真从此心原不动处分晓。心之本体，原是不动的。只为所行有不合义，便动了。孟子不论心之动不动，只是集义。所行无不是义，此心自然无可动处。"《传习录》："无善无恶者理之静，有善有恶者气之动。不动于气，即无善无恶，是为至善。曰：佛氏亦无善无恶，何以异？曰：佛氏著在无上，便一切不管。圣人无善无恶，只是无有作好，无有作恶。不作好恶，非是全无好恶。只是好恶一循于理，不去著一分意思，即是不曾好恶一般。曰：然则好恶全不在物？曰：只在汝心。循理便是善，动气便是恶。世儒惟不知此，舍心遂物，将格物之学错看了。"）

阳明之学，虽极博大精微，然溯其源，则自"心即理"一语来而已。故曰：阳明之学，远承象山之绪也。然其广大精微，则实非象山所及。此亦创始者难为功，继起者易为力也。

人心不能无妄动。然真、妄原非二心，故苟知其妄，则妄念立除，而真心此即立现。故曰："照心非动者，以其发于本体明觉之自然，而未尝有所动也。妄心亦照者，以其本体明觉之自然者，未尝不存于其中，但有所动耳。无所动即照矣。"夫妄心之所以能觉者，以良知无时而不在也。故曰："七情顺其自然之流行，皆是良知之用。但不可有所著。七情有著，俱谓之欲。（有著即所谓动也。阳明又曰："理无动者也，动即为欲。"然"才有著时，良知亦自会觉。觉即蔽去，复其本体矣。此处能看得破，方是简易透测工夫。"又曰："虽妄念之发，而良知未尝不在。但人不知存，则有时而或放耳。虽昏塞之极，而良知未尝不明。但人不知察，则有时而或蔽耳。"又曰，"良知无过不及，知过不及的是良知。"夫如是，则为善去恶之功，实惟良知是恃。故曰："一点良知，是尔自家的准则。是便知是，非便知非，更瞒他一些不得。尔只不要欺他；实实落落，依他做去；善便存，恶便去。何等稳当？此便是致知的实功。"）

人心虽动于妄，而良知未尝不知，故致知之功，实大可恃。良知虽无时不存，而不能不为物欲所蔽，故致知之功，必不容缓。以良知为足恃，而遂忘致之之功，则所谓良知，亦终为物欲所蔽耳。故曰："良知之发，更无私意障碍，即所谓充其恻隐之心，而仁不可胜用。常人不能无私意，所以须用致知格物之功。"又曰："知得善，却不依这个良知便做去。

知得不善，却不依这个良知，便不去做。这个良知，便遮蔽了。”又曰：“天理即是良知。良知愈思愈精明。若不精思，漫然随事应去，良知便粗了。”然“学以去其昏蔽，于良知之本体，初不能有加于毫末”，此义亦不可不知。

知是知非之良知，不能致即将昏蔽，于何验之？曰：观于人之知而不行，即知之矣。盖良知之本体，原是即知即行。苟知之而不能行，则其知已非真知，即可知其为物欲所蔽矣。“徐爱问：今人尽有知父当孝、兄当弟，却不能孝、不能弟，知行分明是两件。曰：此已被人欲间断，不是知行本体。未有知而不行者。知而不行，只是未知。圣贤教人知行，正是要复那本体。故《大学》指个真知行与人看：说如好好色，如恶恶臭。见好色属知，好好色属行。只见好色时，已自好了；不是见后又立个心去好。闻恶臭属知，恶恶臭属行。只闻恶臭时，已自恶了；不是闻后别立个心去恶。（龙溪曰：“孟子说孩提之童，无不知爱其亲；及其长也，无不知敬其兄。止曰知而已；知便能了，更不消说能爱能敬。”）知是行的主意，行是知的工夫。知是行之始，行是知之成。若会得时，只说一个知，已自有行在；只说一个行，已自有知在。（故曰：“知之真切笃实处便是行，行之明觉精察处便是知。”〇龙溪曰：“知非见解之谓，行非履蹈之谓，只从一念上取证。”）古人所以既说知，又说行者？只为世间有一种人，懵懵懂懂，任意去做；全不解思维省察；只是个冥行妄作；所以必说个知，方才行得是。又有一种人，茫茫荡荡，悬空去思索；全不肯着实躬行；只是个揣摩影响；所以必说一个行，方才知得真。此是古人不得已补偏救弊的话。”“此已被私欲间断，不是知行本体”一语最精。好好色、恶恶臭之喻尤妙。“见好色时，已是好了，不是见后又立个心去好；闻恶臭时，已自恶了，不是闻后别立个心去恶。”人之所知，一切如此，岂有知而不行之理？见好色而强抑其好之之心，闻恶臭而故绝其恶之之念，非有他念不能然。此即所谓间断也。良知之有待于致，即欲去此等间断之念而已矣。

真知未有不行者；知而不行，只是未知；故欲求真知，亦必须致力于行。此即所谓致也。故曰：“人若真切用功，则于此心天理之精微，日见一日；私欲之细微，亦日见一日。若不用克己功夫，天理私欲，终不自见。如走路一般。走得一段，方认得一段。走到歧路，有疑便问；问了又走，方才能到。今于已知之天理不肯存，已知之人欲不肯去；只管愁不能尽知：闲讲何益？”

知行既系一事，则不知自无以善其行。阳明曰：“今人学问，只因知行分作两件，故有一念发动，虽是不善，却未曾行，便不去禁止。我今说个知行合一，正要人晓得一念发动处，便即是行；就将这不善的念克倒；不使那一念不善，潜伏在胸中。”人之为如何人，见于著而实积于微。知者行之微，行者知之著者耳。若于念虑之微，不加禁止，则恶念日积，虽欲矫强于临时，必不可得矣。《大学》曰：“小人闲居为不善。见君子，而后厌然。掩其不善，而著其善。人之视己，如见其肺肝然，则何益矣？此谓诚于中，形于外，故君子必慎其独也。”正是此理。凡事欲仓促取办，未有能成者。非其事之不可成，乃其败坏之者已久也。然则凡能成事者，皆非取办于临时，乃其豫之者已久也。欲求豫，则必谨之于细微；欲谨之于细微，则行之微（即知）有不容不措意者矣。故非知无以善其行也。故曰：知行是一也。

知行合一之理，固确不可易。然常人习于二之之既久，骤闻是说，不能无疑。阳明则一一释之。其说皆极精当。今录其要者如下：

“徐爱问；至善只求诸心，恐于天下事理，有不能尽。曰：心即理也。此心无私欲之蔽，即是天理。不须外面添一分。以此纯平天理之心，发之事父便是孝；发之事君便是忠；发之交友治民，便是信与仁。爱曰：如事父一事，其间温凉定省之类，有许多节目，亦须讲求否？曰：如何不讲求？只是有个头脑，只就此心去人欲存天理上讲求。此心若无人欲，纯是天理：是个诚于孝亲之心；冬时自然思量父母寒，自去求温的道理。夏时自然思量父母热，自去求清的道理。譬之树木：这诚孝的心便是根：许多条件，便是枝叶。须先有根，然后有枝叶。不是先寻了枝叶，然后去种根。”阳明此说，即陆子所谓先立乎其大者也。“温清定省之类，有许多节目”，最为恒人所质疑。得此说而存之，而其疑可以豁然矣。（阳明曰：“圣人无所不知，只是知个天理。无所不能，只是能个天理。天下事物，如名物度数、草木鸟兽之类，不胜其烦。虽是本体明了，亦何缘能尽知。但不必知的，圣人自不消求知。其所当知者，圣人自能问人。知得一个天理，便自有许多节文度数出来。”此说与朱子“生而知之者义理，礼乐名物，必待学而后知”之说，似亦无以异。然朱子谓人心之知，必待理无不穷而后尽。阳明则虽名物度数之类，有所不知，而仍不害其为圣人。此其所以为异也。）

枝叶条件，不但不必豫行讲求也，亦有无从豫行讲求者。阳明曰：“良知之于节目事变，犹规矩尺度之于方圆长短也。节目事变之不可豫定，犹方圆长短之不可胜穷也。舜之不告而取，岂舜之前，已有不告而取者，为之准则邪？抑亦求诸一念之良知，权轻重之宜，不得已而为此邪？武之不葬而兴师，岂武之前，已有不葬而兴师者，为之准则邪？抑亦求诸一念之良知，权轻重之宜不得已而为此邪？后之人不务致其良知，以精察义理于此心感应酬酢之间，顾欲悬空讨论此等变常之事，执之以为制事之本，其亦远矣。”悬空讨论变常之事愈详，则致其良知之功愈荒。致其良知之功愈荒，则感应酬酢之间，愈不能精察义理。以此而求措施之悉当，是却行而求及前人也。故曰：“在物为理，处物为义，在性为善，因所指而异其名，其实皆吾之心也。吾心之处事物，纯乎天理，而无人欲之杂，谓之善。非在事物上有定则可求也。”（又曰：“良知自然的条理，便谓之义；顺这个条理，便谓之礼。知这个条理，便谓之智。终始这个条理，便谓之信。”）

学所以求是也。以良知为准则，以其知是知非也。今有二人于此，各准其良知，以断一事之是非，不能同也。而况于多人乎？抑且不必异人，即吾一人之身，昨非今是之事，亦不少也。良知之知是知非，果足恃乎？阳明曰："凡处得有善有未善，及有困顿失次之患，皆是牵于毁誉得丧，不能实致其良知耳。实致其良知，然后知平日所谓善者，未必得善。"或谓心所安处是良知。阳明曰："固然。但要省察，恐有非所安而安者。"又谓"人或意见不同，还是良知有纤翳潜伏"。此说与伊川"公则一，私则万殊。人心不同如面，只是私心"之说，若合符节。盖良知虽能知是知非，然恒人之良知，为私欲蒙蔽已久，非大加省察，固未易灼见是非之真也。

然则现在之良知，遂不足为准则乎？是又不然。恒人之良知，固未能造于其极，然亦皆足为随时之用。如行路然。登峰造极之境，固必登峰造极而后知。然随时所见，固亦足以定随时之程途也。故曰："我辈致知，只是各随分量所及。今日良知见在如此，便随今日所知，扩充到底。明日良知又有开悟，便随明日所知，扩充到底。"故曰："昨以为是，今以为非；己以为是，因人而觉其非，皆良知自然如此。"有言童子不能格物，只教以洒扫应对。曰："洒扫应对就是物。童子良知，只到这里，教去洒扫应对，便是致他这一点良知。我这里格物，自童子以至圣人，皆是此等工夫。"真可谓简易直截矣。

致知既以心为主，则必使此心无纤毫障翳而后可。随时知是知非，随时为善去恶，皆是零碎工夫，如何合得上本体？此则贤知者之所疑也。阳明亦有以释之。《传习录》：“问：先生格致之说，随时格物以致其知，则知是一节之知，非全体之知也，何以到得溥博如天、渊泉如渊地位？曰：心之本体，无所不该，原是一个天。只为私欲障蔽，则天之本体失了。心之理无穷尽，原是一个渊。只为私欲窒塞，则渊之本体失了。如念念致良知，将此障蔽、窒塞，一齐去尽，则本体已复，便是天渊了。因指天以示之曰：如面前所见，是昭昭之天。四外所见，亦只是昭昭之天。只为许多墙壁遮蔽，不见天之全体。若撤去墙壁，总是一个天矣。于此便见一节之知，即全体之知；全体之知，只一节之知；总是一个本体。”盖零碎工夫，皆系用在本体上。零碎工夫，多用得一分，即本体之障蔽，多去得一分。及其去之净尽，即达到如天如渊地位矣。此致良知之工夫，所以可在事上磨炼也。

以上皆阳明所以释致良知之疑者。统观其说，精微简捷，可谓兼而有之矣。梨洲曰：“先生闵宋儒之后，学者以知识为知。谓人心之所有者，不过明觉，而理为天地万物之所公共；必穷尽天地万物之理，然后吾心之明觉，与之浑合而无间。说是无内外，其实全靠外来闻见，以填补其灵明。先生以圣人之学，心学也；心即理也。故于格物致知之训，不得不言致吾心之良知于事事物物，则事事物物，皆得其理。以知识为知，则轻浮而不实，故必以力行为工夫。良知感应神速，无有等待；本心之明即知，不欺本心之明即行也，不得不言知行合一。”龙溪曰：“文公分致知格物为先知，诚意正心为后行，故有游骑无归之虑；必须敬以成始，涵养本原，始于身心有所关涉。若知物生于意，格物正是诚意工夫，诚即是敬，一了百了，不待合之于敬，而后为全经也。”蕺山曰：“朱子谓必于天下事物之理，件件格过，以几一旦豁然贯通。故一面有存心，一面有致知之说。非存心无以致知，而存心又不可以不致知。两事递相君臣，迄无把柄，既已失之支离矣。至于存心之中，分为两条：曰静而存养，动而省察。致知之中，又复分为两途：曰生而知之者义理，礼乐名物，必待学而后有以验其是非之实。安往而不支离也？”此朱学与王学之异也。

良知之说，以一念之灵明为主。凡人种种皆可掩饰，惟此一念之灵明，决难自欺。故阳明之学，进德极其勇猛，勘察极其深切。阳明尝谓“志立而学半”。又谓“良知上留得些子别念卦带，便非必为圣人之志”。又曰：“凡一毫私欲之萌，只责此志不立，则私欲即退听。一毫客气之动，只责此志不立，则客气便消除。责志之功，其于去人欲，有如烈火之燎毛，太阳一出，而罔两潜消也。”此等勇猛精进之说，前此儒者，亦非无之。然无致良知之说，以会其归，则其勘察，终不如阳明之真凑单微，鞭辟入里；而其克治，亦终不如阳明之单刀直入，凌厉无前也。阳明之自道曰：“赖天之灵，偶有悟于良知之学，然后悔其向之所为者，固包藏祸机，作伪于外，而心劳日拙者也。十余年来，虽痛自洗剔创艾，而病根深痼，萌蘖时生。所幸良知在我，操得其要，譬犹舟之得舵，虽惊风巨浪，颠沛不已，犹得免于倾覆者也。”《寄邹谦之书》包藏祸机，谁则能免？苟非以良知为舵，亦何以自支于惊风巨浪之中乎？良知诚立身之大柄哉？

“心即理”一语，实为王学骊珠。惟其谓心即理，故节文度数，皆出于心；不待外求，心本明即知无不尽。亦惟其谓心即理，故是非善恶，皆验诸心；隐微之地有亏，虽有惊天动地之功，犹不免于不仁之归也。阳明曰：“世人分心与理为二，便有许多病痛。如攘夷狄、尊周室，都是一个私心，便不当理。人却说他做得当理，只心有未纯。往往慕悦其所为，要来外面做得好看，却与心全不相干。分心与理为二，其流至于霸道之伪而不自知。故我说个心即理。要使知心理是一个，便来心上做工夫，不去袭取于义，便是王道之真。”阳明此说，即董子“正其义不谋其利，明其道不计其功”之真诠。持功利之说者，往往谓无功无利，要道义何用？又安得谓之道义？殊不知功利当合多方面观之，亦当历长时间而后定。持功利之说者之所谓功利，皆一时之功利，适足贻将来以祸患。自持道义之说者观之，将来之祸患，皆其所自招；若早以道义为念，则此等祸害，皆消弭于无形矣。佛所以喻世俗之善为“如以少水，而沃冰山，暂得融解，还增其厚”也。功利之说，与良知之说，最不相容，故阳明辟之甚力。阳明之言曰：“圣人之学，日远日晦；功利之习，愈趋愈下。其间虽尝瞀惑于佛老，卒未有以胜其功利之心。又尝折衷于群儒，亦未有以破其功利之见。”可谓深中世人隐微深痼之病矣。今之世界，孰不知其罪恶之深？亦孰不知其祸害之烈？试问此罪恶祸害，何自来邪？从天降邪？从地出邪？非也。果不离因，仍不得不谓为人所自为。人何以造此罪恶？成此祸害？则皆计一时之功，而不计久远之功；图小己之利，而不顾大我之利为之也。此即所谓功利之见也。惟举世滔滔，皆骛于功利之徒，故随功利而来之祸害，日积月累而不可振救。阳明之言，可谓深得世病之症结矣。

“学不至于圣人，终是自弃”，为学者诚皆当有此志。然人之才力，天实限之。谓人人可以为圣人，验诸事实，终是欺人之语。此所以虽有困知勉行，及其成功一也之说，仍不能使人自奋也。阳明谓圣人之所以为圣，在其性质而不在其分量。此说出，而后圣人真可学而至。实前古未发之论也。阳明之言曰：“圣人之所以为圣，只是其心纯乎天理，而无人欲之杂；犹精金之所以为金，但以其成色足而无铜铅之杂也。圣人之才力，亦有大小不同，犹金之分两有轻重。所以为精金者，在足色而不在分两。故凡人而肯为学，使此心纯乎天理，则亦可以为圣人。后世不知作圣之本，却专在知识才能上求圣人。以为圣人无所不知，无所不能，我须是将圣人许多知识才能，逐一理会始得。不务去天理上著工夫。徒弊精竭力，从册子上钻研，名物上考索，形迹上比碍。知识愈广，而人欲愈滋；才力愈多，而天理愈蔽。正如见人有万镒精金，不务锻炼成色，无愧彼之精纯；而乃妄希分两，务同彼之万镒。锡铅铜铁，杂然而投。分理愈增，成色愈下。及其梢末，无复有金矣。”又曰：“后儒只在分两上较量，所以流入功利。若除去了比较分两的心，各自尽著自己力量精神，只在此心纯乎天理上用功。即人人自有，个个圆成。便能大以成大，小以成小。不假外慕，无不具足。此便是实实落落，明善诚身的事了。”阳明此说，亦从心即理上来。盖惟其谓心即理。故全乎其心，即更无欠缺。非如谓理在心外者，心仅有其灵明，必格尽天下之物，乃于理无不尽，而克当圣之目也。（阳明又曰：“良知人人皆有，圣人只是保全，无些子障蔽。兢兢业业，亹亹翼翼，自然不息，便也是学。只是生的分数多，所以谓之生知安行。众人自孩提之童，莫不完具此知。只是障蔽多。然本体之知，自难泯息。虽问学克治，也只凭他。只是学的分数多，所以谓之学知，利行。”）

阳明与程朱之异，乃时会为之，不必存入主出奴之见也。盖自周子发明“以主静立人极”，而人生之趋向始定。程子继之，发明“涵养须用敬，进学在致知”，而求静之方始明。夫所谓静者，即今所谓合理而已。人如何而能合理？第一，当求理无不明。第二，当求既明理，又不致与之相违。由前之说，所谓进学在致知；由后之说，则所谓涵养须用敬也。求合理之初步，自只说得到如此。逮其行之既久，然后知事物当然之理，虽若在于外物，实则具于吾心。理有不明，实由心之受蔽。欲求明理，亦当于心上用功；正不必将进学涵养，分为两事也。此非程朱之说，行之者众，体验益深，不能见到。故使阳明而生程朱之时，未必不持程朱之说；使程朱而生阳明之时，亦未必不持阳明之说。为学如行修途，后人之所行，固皆继前人而进也。此理非阳明所不知。顾乃自撰《朱子晚年定论》，以治人口实。则以是时朱子之学方盛行，说与朱子相违，不易为人所信，故借此以警觉世人。且阳明理学家，非考据家；岁月先后，考核未精，固亦不足为阳明病也。(《朱子晚年定论》者，阳明龙场悟后之作。辑朱子文三十四篇，皆与己说相合者。谓朱子晚年之论如此;《四书集注》《或问》等，其中年未定之论也。当时罗整庵即诒书辩之，谓所取朱子《与何叔京书》四通，何实卒于淳熙乙未，后二年丁酉，而《论孟集注》始成。后陈建撰《学蔀通辨》，取朱子之说，一一考核其岁月，而阳明之误益见矣。然阳明答整庵书，亦已自承岁月先后，考之未精；谓意在委曲调停，不得已而为此也。〇罗整庵，名钦顺，字允升，泰和人。陈建，字廷肇，号清澜，东莞人。)

王门诸子

黄梨洲曰："阳明之学：始泛滥于辞章。继而遍读考亭之书，循序格物。顾物理、吾心，终判为二，无所得入。于是出入于佛老者久之。及至居夷处困，动心忍性。因念圣人处此，更有何道？忽悟格物致知之旨，圣人之道，吾性自足，不假外求。其学凡三变而始得其门。自此以后，尽去枝叶，一意本原。以默坐澄心为学的。有未发之中，始能有发而中节之和。视听言动，大率以收敛为主，发散是不得已。江右以后，专提'致良知'三字。默不假坐，心不待澄。不习不虑，出之自有天则。盖良知即是未发之中，此知之前，更无未发。良知即是中节之和，此知之后，更无已发。此知自能收敛，不须更主于收敛。此知自能发散，不须更期于发散。收敛者，感之体，静而动也；发散者，寂之用，动而静也。知之真切笃实处即是行，行之明觉精察处即是知，无有二也。居越以后，所操益熟，所得益化。时时知是知非，时时无是无非。开口便得本心，更无假借凑泊。如赤日当空，而万象毕照。是学成之后，又有此三变也。"阳明江右以后境界，乃佛家所谓中道，非学者所可骤几。其自言教人之法则曰："吾昔居滁时，见诸生多务知解，无益于得，姑教之静坐。一日寸窥见光景，颇收近效。久之，渐有喜静厌动，流入枯槁之病。故迩来只说致良知。良知明白，随你去静处体悟也好，随你去事上磨炼也好。良知本体，原是无动无静的。”良知本体，既无动无静，即不当更有动静之分。动静之分且无，更何有于偏主？然后来学者，似皆不能无所偏。则以中道非夫人所能；各因其性之所近，而其用力之方有不同，其所得遂有不同也。

阳明之学，首传于浙中。浙中王门，以绪山、龙溪为眉目。而二子之学，即有异同。具见于《传习录》及龙溪之《天泉证道记》。此事为王门一重公案。为阳明之学者议论颇多。今略述其事如下：

嘉靖六年九月，阳明起征思田。将行，绪山与龙溪论学。绪山举阳明教言曰：“无善无恶心之体。有善有恶意之动。知善知恶是良知。为善去恶是格物。”龙溪曰：“此恐未是究竟话头。若说心体是无善无恶，意亦是无善无恶，知亦是无善无恶，物亦是无善无恶矣。若说意有善恶，毕竟心体还有个善恶在。”绪山曰：“心体是天命之性，原无善恶。但人有习心，意念上见有善恶在。格致诚正修，此是复性体工夫。若原无善恶，工夫亦不消说矣。”是夕，坐天泉桥，请正于阳明。阳明谓：“二君之见，正好相资，不可各执一边。我这里接人，原有二种：利根之人，直从本源上悟人。人心本体，原是明莹无滞，原是个未发之中。利根之人，一悟本体，即是工夫。人己内外，一齐俱透。其次不免有习心在，本体受蔽。故且教在意念上实落为善去恶。工夫熟后，渣滓去尽，本体亦明净了。汝中之见，是我接利根人的。德洪之见，是我为其次立法的。相取为用，则中人上下，皆可引入于道。若执一边，眼前便有失人，便于道有未尽。”既而曰：“利根之人，世亦难过。人有习心，不教他在良知上实用为善去恶工夫，只去悬空想个本体，一切事为，俱不着实，不是小小病痛。不可不早说破。”

以上略据《传习录》。龙溪所记，无甚异同。而邹东廓记其事，则云：“绪山曰：至善无恶者心。有善有恶者意。知善知恶是良知。为善去恶是格物。龙溪云：心无善而无恶。意无善而无恶。知无善而无恶。物无善而无恶。”至善无恶，与无善无恶，颇相径庭。刘蕺山谓：“阳明、天泉之言，与平时不同。平时常言至善是心之本体。又言至善只是尽乎天理之极，而无一毫人欲之私。又言良知即天理。有时说无善无恶者理之静，亦未尝径说无善无恶是心体。”黄梨洲谓：“考之《传习录》，因薛中离（薛侃，字尚谦，号中离，广东揭阳人）去花间草，阳明言无善无恶者理之静，有善有恶者气之动。盖言静为无善无恶，不言理为无善无恶，理即是善也。独天泉《证道记》，有无善无恶者心之体，有善有恶者意之动之语。夫心之体即理也。心体无间于动静。若心体无善无恶，则理是无善无恶，阳明不当但指共静时言之矣。释氏言无善无恶，正言无理也。善恶之名，从理而立，既已有理，安得言无善无恶？”“心体果是无善无恶，则有善有恶之意，从何处来？知善知恶之知，又从何处来？为善去恶之功，从何处起？无乃语语断流绝港乎？”因谓四句教法，阳明集中不经见，疑其出于龙溪。又谓绪山所举四语，首句当依东廓作至善无恶。亦绪山之言，非阳明立以为教法。何善山（何廷仁，字性之，号善山，江西雩县人）云：“无善无恶者，指心之感应无迹，过而不留，天然至善之体也。有善有恶者，心之感应谓之意；物而不化，著于有矣。故曰意之动。若以心为无，以意为有，是分心意为二，非合内外之道也。”案此所争，皆失绪山之意。绪山释“无善无恶者心之体”曰：“至善之体，恶固非其所有，善亦不得而有也。至善之体，虚灵也。虚灵之体，不可先有乎善；犹明之不可先有乎色，聪之不可先有乎声也。目无一色，故能尽万物之色。耳无一声，故能尽万物之声。心无一善，故能尽天下万事之善。今之论至善者，乃索之于事事物物之中，先求其所谓定理者，以为应事宰物之则，是虚灵之内，先有乎善也。虚灵之内，先有乎善，是耳未听而先有乎声，目未视而先有乎色也。塞其聪明之用，而窒其虚灵之体，非至善之谓矣。今人乍见孺子入井，皆有怵惕恻隐之心。圣人不能加，而途人未尝减也。但途人拟议于乍见之后，洊入纳交要誉之私耳。然而途人之学圣人，果忧怵惕恻隐之不足邪？抑去其蔽，以还其乍见之初心也？虚灵之蔽，不但邪思恶念，虽至美之念，先横于中，积而不化，已落将迎意必之私，而非时止时行之用矣。故先师曰：无善无恶者心之体。是对后世格物穷理之学，先有乎善者言之也。”然则绪山所谓无善无恶，即其所谓至善者也。（龙溪、东廓所记，辞异意同。〇绪山又曰："善恶之机，纵其生灭相寻于无穷，是藏其根而恶其萌櫱之生，浊其源而辨其末流之清也。是以知善知恶为知之极，而不知良知之体，本无善无恶也。知有为有去之为功，而不知究极本体，施功于无为，乃真功也。正念无念。正念之念，本体常寂。”或问："胸中扰扰，必猛加澄定，方得渐清。”曰："此是见上转。有事时，此知著在事上；事过，此知又著在虚上。动静二见，不得成片。若透得此心彻底无欲，虽终日应酬百务，本体上何曾加得一毫？事了即休，一过无迹，本体上何曾减得一毫？”可与前所引之言参看。〇周海门谓："发明心性处，善不与恶对。如中心安仁之仁，不与忍对。主静立极之静，不与动对。《大学》善上加一至字，实绝名言，无对待之辞。天地贞观，不可以贞观为天地之善。日月贞明，不可以贞明为日月之善。星辰有常度，不可以有常度为星辰之善。岳不可以峙为善；川不可以流为善。有不孝，而后有孝子之名；有不忠，而后有忠臣之名。孝子无孝；若有孝，便非孝矣。忠臣无忠；若有忠，便非忠矣。”亦与绪山之说相发明。〇海门，名汝登，字继元，嵊县人。）蕺山、梨洲所疑，可以释矣。至善山所疑，亦在字句之间。彼所谓“感应无迹，过而不留”者，即阳明所谓“理之静”，亦即其所谓“尽乎天理之极，而无一毫人欲之私”。其所谓“物而不化著于有”者，即其所谓“气之动”，亦即其所谓

“人欲”。二者自然皆出于心。特龙溪、东廓所记，皆辞取对偶，径以心与意为相对之词，未尝详言之曰：“无善无恶心之体，有善有恶，乃心之动而离乎体者，亦谓之意。”又未尝于意字之下，加一注语曰：“即心之动而失其体者”，遂致有此误会耳。（梨洲曰：“如善山之言，则心体非无善无恶，而有善有恶者，意之病也。心既至善，意本澄然无动。意之灵即是知。意之明即是物。”案此亦立名之异。梨洲名澄然无动者为意，动而不善者为意之病。绪山则名澄然无动者为心，其动而不善者，则但名之为意耳。）

罗念庵曰：“绪山之学数变：其始也，有见于为善去恶者，以为致良知也。已而曰：良知者，无善无恶者也。吾安得执以为有而为之？而又去之？已又曰：吾恶夫言之者淆也。无善无恶者，见也，非良知也。吾惟即吾所知以为善者而行之，以为恶者而去之，此吾所能为者也。其不出于此者，非吾所得为也。又曰：向吾之言，犹二也，非一也。夫子尝有言矣，曰：至善者心之本体，动而后有不善也。吾不能必其无不善，吾无动焉而已。彼所谓意者动也，非是之谓动也。吾所谓动，动于动焉者也。吾惟无动，则在吾者常一矣。”所谓“动于动”者，即阳明所谓“气之动”之至微者也。故知绪山之言，与阳明实不相背也。

至龙溪所谓“心体是无善无恶，则意亦是无善无恶，知亦是无善无恶，物亦是无善无恶；若说意有善恶；毕竟心体还有个善恶在”者？《证道记》自申其说曰：“显微体用，只是一机；心意如物，只是一事。天命之性，粹然至善，神感神应，其机自不容已。恶固本无，善亦不可得而有也。若有善有恶，则意动于物，非自然之流行，著于有矣。自然流行者，动而无动；著于有者，动而动也。”此原即绪山“虚灵之体，不可先有乎善”；善山“至善之体，感应无迹，过而不留；物而不化则为动”；阳明“理之静，气之动”之说。其所争者，乃谓当在心体上用功，不当在意念上用功。故曰：“意是心之所发。若是有善有恶之意，则知与物一齐皆有，心亦不可谓之无矣。”龙溪之意，盖谓意念之生，皆由心体流行之不得其当。吾人用功，当真彻根源，正其流行之体。不当沿流逐末，以致劳而少功也。职是故，其教人，乃以正心为先天之学，诚意为后天之学。其言曰：“吾人一切世情嗜欲，皆从意生。心本至善，动于意始有不善。能在先天心体上立根，则意所动自无不善；世情嗜欲，自无所容；致知工夫，自然易简省力。若在后天动意上立根，不免有世情嗜欲之杂；致知工夫，转觉烦难。”其言诚极超妙。然其所谓先天心体者，实使人无从捉摸。所谓致知工夫，遂使人无从下手。此则阳明所以有利根人难遇，苟非其人，悬空想象一个本体，一切事为，俱不着实，病痛非小之戒也。龙溪曰：“良知即是独知。”又曰“独知便是本体，慎独便是工夫。”其说独知曰：“非念动后知。乃先天灵窍，不因念生，不随念迁，不与万物作对。”其说慎独之工则曰：“慎非强制之谓。兢业保护此灵窍，还他本来清净”而已。又曰：“浑然一体，无分于已发未发，亦无先后内外。才认定些子，便有认定之病。随物流转，固是失却主宰。即曰：我于此收敛握固，便有枢可执；以为致知之实，未免犹落内外二见。才有执著，终成管带。即此管带，便是放失之因。”其言之超妙如此，诚令学者体悟不及，功力难施，故梨洲谓其“一著工夫，未免有碍虚无之体，则不得不近于禅。流行即是主宰，悬崖撒手，茫无把握，以心息相依为权法，则不得不近于老。”盖几于静处体悟，事上磨炼，两无依据矣。唐荆川（名顺之，字应德，武进人）最服膺龙溪。自言于龙溪只少一拜，然其言曰：“近来谈学，谓认得本体，一超直入，不假阶级。窃恐虽中人以上，有所不能。竟成一番议论，一番意见而已。”又曰：“近来学者病痛，本不刻苦搜剔，洗空欲障。以玄妙之语，文夹带之心，直如空花，竟成自误。”过高之流弊，亦可见矣。

钱绪山曰：“昔者吾师之立教也，揭诚意为《大学》之要旨，致知格物为诚意之功。门弟子闻言，皆得入门用力之地。用力勤者，究极此知之体，使天则流行，纤翳无作，千感万应，而真体常寂，此诚意之极也。故诚意之功，自初学用之，即得入手；自圣人用之，精诣无尽。吾师既殁，吾党病学者善恶之机，生灭不已，乃于本体提揭过重。闻者遂谓诚意不足以尽道，必先有悟而意自不生；格物非所以言功，必先归寂而物自化。遂相与虚亿以求悟，而不切乎民彝物则之常；执体以求寂，而无有乎圆神活泼之机。师云：诚意之极，止至善而已矣。是止至善者，未尝离诚意而得也。言止则不必言寂，而寂在其中；言至善则不必言悟，而悟在其中。然皆必本于诚意焉。何也？盖心无体，心之上，不可以言功也。应感起物，而好恶形焉，于是乎有精察克治之功。诚意之功极，则体自寂而应自顺。初学以至成德，彻始彻终，无二功也。”案此所谓“诚意不足以尽道，必先有悟而意自不生”者，即龙溪之说也。绪山谓“心之上不可以言功”，必于应感起物之时，致其精察克治，即为善去恶是格物之说。二家宗旨之不同如此。至所评归寂之说，则出于聂双江。

阳明之致良知，原兼静处体悟、事上磨炼两义。其后浙中之学，偏于事上磨炼，遂有义袭助长之病。其主于凝聚者，则江右诸家也。江右王门、东廓、双江、念庵、两峰，皆有特见。今略述其说。

东廓主戒惧。其言曰:“敬也者，良知之精明而不杂以私欲者也。性体流行，合宜处谓之善；障蔽而壅塞处，谓之不善。忘戒惧，则障蔽而壅塞。无往非戒惧之流行，即无往非性体之流行矣。戒惧，禹之治水也。堤而遏之，与不决不排，其失维钧。”东廓尝曰:“诸君试验心体，是放纵的？不放纵的？若是放纵的，添个戒惧，却是加了一物。若是不放纵的，则戒惧是复还本体。”此即所谓“一念不发，兢业中存”，盖以此保其循理之静也。

双江主归寂。双江尝为陕西按察副使，为辅臣夏言所恶，罢归，逮系。闲久静极，忽见此心真体，光明莹澈，万物皆备。出狱后，遂与来学者立静坐法。使之归寂以通感，执体以应用。谓独知是良知萌芽处，与良知似隔一尘。此处着力，虽与半路修行不同，要亦是半路话头。致虚守寂，方是不睹不闻之学，归根复命之要。故夫子于《感卦》，特地提出虚寂二字，以立感应之本。其言曰："心无定体之说，谓心不在内也；百体皆心也，万感皆心也。亦尝以是求之，譬之追风逐电，瞬息万变，茫然无所措手，徒以乱吾之衷也。"又曰："无时不寂，无时不感者，心之体也。感惟其时，而主之以寂者，学问之功也。故谓寂感有二时者非也。谓功夫无分于寂感，而不知归寂以主夫感者，又岂得为是哉？不识不知，顺帝之则，惟养之豫者能之。临事而择，不胜憧憧，中亦袭也，况未必中乎？"（双江谓"感物之际，加格物之功，是迷其体以索用"。）双江之学，同门多相驳难。惟念庵深相契。两峰晚乃是之。梨洲谓"阳明之学，本以静坐澄心为的。慎独便是致中，中立而和生焉。先生之学，实《传习录》中之正法眼藏也"。（双江之学，主于致中而和应。其余诸家，则大抵谓已发、未发，非有二候，致和即所以致中。其说曰："以流动为感，则寂感异象，微波即荡，感皆为寂累，固不待牿之反复，而后失其虚明之体。若以鉴物为感，则终日鉴，固无伤于止也。若患体之不正，故鉴之不明，亦当即鉴时言之，不当离鉴以求止。何则？其本体常鉴，不可得而离也。若欲涵养本原停当，而后待其发而中节，此延平以来相沿之学，非孔门宗旨矣。"双江则谓一未发寂然之体，未尝离家国天下而别有其物，即感而寂然者在焉耳。格致之功，通于寂感体用。）

念庵之学，主干收摄保聚。是时阳明门下之谈学者，皆曰：知善知恶，即是良知。依此行之，即是致和。其弊也，取足于知，而不原其所以良；且易致字为依字。失养其端，而任其所发。遂至以见存之知，为事物之则；以外变之物，为知觉之体，而不知物我之倒置矣。念庵谓善恶交杂，岂即为主于中者乎？中无所主，而谓知本常明，不可也。知有未明，依此行之，而谓无乖戾于既发之后，能顺应于事物之来，不可也。故知善知恶之知，随出随泯，特一时之发见焉耳。一时之发见，未可尽指为本体；则自然之明觉，固当反求其根源。故必有收摄保聚之功，以为充达长养之地；而后定静安虑，由此以出。故致知者，致其静无动有焉者也。非经枯槁寂寞之后，一切退听，天理炯然，未易及此。其言曰："不睹不闻，即吾心之常知处。自其常知不可以形求者，谓之不睹；不可以言显者，谓之不闻：非杳冥之状也。诸念皆泯，炯然中存，亦即吾之一事。此处不令他意搀杂，即是必有事焉。"又曰："良知该动静，合内外，其统体也。吾之主静，所以致之，盖言学也。盖动而后有不善，有欲而后有动，动于欲而后有学。学者，学其未动焉者也。学其未动，而动斯善矣，动无动矣。""故自良知言之，无分于已发未发也。自知之所以能良者言之，则固有未发者以主之于中。夫至动莫如心，圣人犹且危之。苟无所主，随感而发，譬之驭马，衔勒去手，求斯须驰骤之中度，岂可得哉？”念庵之说如此。实足救一时之流弊也。

然念庵后来，又有进于此者。其告龙溪曰：“一二年来，与前又别。当时之为收摄保聚，偏矣。盖识吾心之本然者，犹未尽也。以为寂在感先，不免于指感有时。以为感由寂发，不免于指寂有处。其流之弊，必至重于为我，疏于应物。盖久而后疑之。夫心一而已。自其不出位而言，谓之寂，非守内之谓也。自其常通微言之，谓之感，非逐外之谓也。寂非守内，故未可言处（以其能感故也。）感非逐外，故未可言时。（以其本寂故也。）绝感之寂，非真寂矣；离寂之感，非真感矣。此乃同出异名。吾心之本然酬酢万变，而于寂者未尝有碍。非不碍也，吾有所主故也。苟无所主，则亦驰逐而不反矣。声臭俱泯，而于感者未尝有息。非不息也，吾无所倚故也。苟有所倚，则亦胶固而不通矣。此所谓收摄保聚之功，君子知几之学也。举者自信，于此灼然不移，即谓之守寂可也，谓之妙感亦可也；谓之主静可也，谓之慎动亦可也。使于真寂端倪，果能察识，随动随静，无有出入；不与世界事物相对待；不倚自己知见作主宰；不著道理名目生证解，不借言语发挥添精神；则收摄保聚之功，自有准则矣。”案此论试有契于心体之妙，宜龙溪之闻其说而无闲然也。

两峰之学，以涵养本原为主。梨洲曰：“双江主于归寂，同门辩说，动盈卷轴。先生言：发与未发，本无二致。戒惧慎独，本无二事。若云：未发不足以兼已发，致中之外别有一段致和之功；是不知顺其自然之体，而加损焉，以学而能，以虑而知者也。又言事上用功，虽愈于事上讲求道理，均之无益于得也。涵养本原，愈精愈一，愈一愈精，始是心事合一。又言吾心之体，本止本寂。参之以意念，饰之以道理，侑之以闻见，遂以感通为心之体。而不知吾心虽千酬万应，纷纭变化之无已，而其体本常止常寂。彼以静病之者，似涉静景，非为物不贰，生物不测之体之静也。凡此所言，与双江相视莫逆，故人谓双江得先生而不孤云。”

塘南、思默，皆王门再传弟子。然其所言，实有视前辈为进者。阳明殁后，致良知一语，学者不深究其旨，多以情识承当。双江、念庵，举未发以救其弊，终不免头上安头。塘南谓："生生之机，无有停息，不从念虑起灭。今人将发字看粗，以澄然无念为未发。澄然无念，是谓一念，乃念之至微者，非无念也。生生之机，无一息之停，正所谓发。譬之澄潭之水，乃流之至平至细者，非不流也。未发水之性。离水而求性曰支。即水以为性曰混。以水与性为二物曰歧。惟时时冥念，研精入神，乃为道之所存。”又曰："意非念虑起灭之谓，乃生几之动而未形者。知者，意之体；物者，意之用。但举一意字，则寂感体用悉具。有性则常发而为意，有意则渐著而为念。意不可以动静言，动静者念也。意本生生。造化之几不充，则不能生。故学贵从收敛入。收敛即慎独，此凝道之枢要也。欲悟未有天地之先，言语道断，心行处灭，乃为不学不虑之体，此正邪说淫辞。以念头转动为生几，则落第二义矣。”其分别生生之机与意念，实绝精之论也。（塘南曰：“性之一字，本不容言，无可致力。知觉意念，总是性之呈露，皆命也。性者，先天之理。知属发窍，是先天之子，后天之母也。此知在体用之间。若知前求体则著空，知后求用则逐物。知前更无未发，知后更无已发；合下一齐俱了，更无二功，故日独。独者，无对也。无对则一，故日不贰。意者，知之默运，非与之对立而为二也。是故性不假修，只可云悟。命则性之呈露，不无习气隐伏其中，此则有可修矣。修命者，尽性之功。”又曰：“性廓然无际。生几者，性之呈露处也。性无可致力，善学者惟研几。研几者，非于念头萌动，辨别邪正之谓也。此几生而无生，至微至密，非有非无。惟绵若存，退藏于密，庶其近之矣。”）

思默亦主研几。其说曰：“所知因感而有，用之发也。能知不因感有，常知而常无知，体之微也。此体是古今天地人物之灵根，于穆中一点必不能自已之命脉。圣门学者，惟颜子能在知上用功，其余多在所知上用力。”又曰：“诚无为，几则有善恶。何者？凡动便涉于为，为便易逐于有。逐于有，则虽善亦粗，多流于恶。故学问全要研几。研者，研磨之谓。研磨其逐有而粗者，务到极深极微处，常还他动而未形，有无之间的本色，则无动非神矣。”其说亦极入微也。

传姚江之学者，当以泰州为最雄伟，而其流弊亦最甚。泰州之学，始自心斋。其行本怪，其学又纯是蒲翰辙环意见。（王艮，字汝止，号心斋，泰州安丰场人。七岁，受书乡塾。贫不能竟学。从父商于山东。常袖《孝经》《论语》《大学》，逢人质难。久而信口谈解，如或启之。虽不得专功于学，然默默参究，以经证悟，以悟释经，历有年所，人莫能窥其际也。一夕，梦天堕压身，万人奔号求救。先生举臂起之。视其日月星辰失次，复手整之。觉而汗溢如雨，心体洞彻。自此行住语默，皆在觉中。乃按礼经，制五常冠、深衣、大带、笏板服之。曰："言尧之言，行尧之行，而不服尧之服，可乎？"时阳明巡抚江西，讲良知之学。大江之南，学者翕然信从。顾先生僻处，未之闻也。有黄文刚者，吉安人也，而寓泰州。闻先生论，诧曰：此绝类王巡抚之谈学也。先生喜曰：有是哉？王公论良知，艮谈格物。如其同也，是天以王公与天下后世也。如其异也，是天以艮与王公也。即日启行，以古服进见。至中门，举笏而立。阳明出迎于门外，始入。先生据上坐辩难。久之，稍心折，移其坐于侧。论毕，乃叹曰："简易直截，艮不及也。"下拜，称弟子。退绎所闻，间有不合。悔曰："吾轻矣。"明日，入见，告之。阳明曰："善哉！子之不轻信从也。"先生复上坐辩难。久之，始大服。遂为弟子如初。阳明谓门人曰："向者吾禽宸濠，一无所动，今却为斯人动矣。阳明归越，先生从之。来学者多从先生指授。已而叹曰：'千载绝学，天启吾师，可使天下有不及闻者乎？'因问阳明以孔子辙环车制。阳明笑而不答。归，自创蒲轮，招摇道路。将至都。有老叟，梦黄龙无首，行雨至崇文门，变为人立。晨起往候，而先生适至。时阳明之学，谤议蜂起，而先生冠服言动，不与人同，都人以怪魁目之。同门在京者劝之归。阳明亦移书责之。先生始还会稽。阳明以先生意气太高，行事太怪，痛裁抑之。及门，三日不得见。阳明送客出门，先生长跪道旁，曰：'良知过矣。'阳明不顾而入。先生随之，至庭下，厉声曰：'仲尼不为已甚。'阳明乃揖之起。阳明卒于师，先生迎哭，至桐庐，经纪其家而后返。开门授徒，远近皆至。同门会讲者，必请先生主席。阳明而下，辩才推龙溪，然有信有不信。惟先生于眉睫之间，省觉人最多。先生以九二见龙为正位。孔子修身讲学，以见于世，未尝一日隐也。有以伊、傅称先生者。先生曰：'伊、傅之事我不能，伊、傅之学我不由。伊、傅得君，可谓奇遇。如其不遇，终身独善而已。孔子则不然也。'黄梨洲曰：'此终是蒲轮辙环意见。于遁世不见知而不悔之学，终隔一尘也。'"）故其后多豪杰之士，而其决裂亦最甚焉。心斋格物之说：以身与天下国家为物。身为本，天下国家为末。行有不得，皆反求诸己，是为格物工夫。故齐治平在于安身。知安身者必爱身敬身。爱身敬身者，必不敢不爱人，不敬人。爱人者人恒爱之，敬人者人恒敬之，而身安矣。一家爱我、敬我则家齐，一国爱我、敬我则国治，天下爱我、敬我则天下平。亦仍是蒲轮辙环意见也。

心斋弟子，著者为王一庵（名栋，字隆吉，泰州人）、徐波石（名樾，字子直，贵溪人）。一庵谓诚意即慎独，其说颇精。（其说曰："身之主宰谓之心，心之主宰谓之意。心者，虚灵善应，而其中自有寂然不动者，为之主宰，是之为意。人心所以应万变而不失者，只缘有此灵体；不虑而知，为之主宰耳。圣狂之分，即在此主宰之诚不诚。故诚意工夫，即是慎独。独者，意之别名。慎者，诚之用力者耳。以此灵体，不虑而知，自作主张，自裁生化，故谓之独。少间，搀以见闻才识之能，情感利害之便，则不可谓之独矣。若谓意为心之发动，而欲审机于动念之初，则情念一动，便属流行，于此用功，恐仓促之际，物化神驰，虽有敏者，莫措其手。非圣门诚意之功，先天易简之学矣。"）波石之学，则以不犯手为妙。谓人心自然明觉。起居食息，无非天者。又从而知觉之，是二知觉也。所谓"见成良知"也。波石之学，传诸颜山农（名钧，吉安人）及赵大洲（名贞吉，字孟静，内江人）山农好侠，学主率性而行。大洲亦谓禅不害人。山农之学，传诸何心隐（本性梁，名汝元，字夫山，后自改姓名。吉州永丰人）及罗近溪（名汝芳，字维德，江西南城人）心隐亦豪杰之士。尝授计乩者，以去严嵩。近溪之学，以赤子良心，不学不虑为的；以天地万物同体，彻形骸，忘物我为大。谓"此理生生不息。不须把持，不须接续，当下浑沦顺适。工夫难得凑泊，即以不屑凑泊为工夫。胸次茫无畔岸，便以不依畔岸为胸次。解缆放船，顺风张棹，无之非是。学人不省，妄以澄然湛然为心之本体，沈滞胸鬲，留恋景光，是为鬼窟活计。"实禅语之精者也。近溪之传，为焦澹园（名竑，字弱侯，南京旗手卫人）及周海门（见前）。澹园尝驳明道辟佛之说。海门教人，亦以直下承当为贵。尝问门人刘塙曰:“信得当下否？”曰:“信得。”“然则汝是圣人否？”曰:“也是圣人。”曰:“又多一也字。”洪舒民问:“认得心时，圣人与我一般。今人终身讲学，到底只做得乡人，何也？”曰:“只是信不及耳。汝且道，今日满堂问答咏歌，一种平心实意，与杏坛时有二乎？”曰:“无二也。”曰:“如此何有乡人疑？”曰:“只为他时便不能如此。”曰:“违则便觉，依旧不违。”曰:“常常提起方可。”曰:“违则提起，不违提个什么？”皆禅机也。海门之学，传诸陶石蒉（名望龄，字周望，会稽人）亦泛滥方外，与澄然、澄密、云悟诸僧交。大洲之学，传诸邓太湖（名豁渠，初名鹤，内江人）。太湖尝为僧。其学只主见性，不主戒律。身之与性，截然分为两事。又有方湛一者（名兴时，黄陂人），曾入太和山，习摄心术。又得黄白术于方外。尚玄虚，侈谈说。龙溪、念庵，皆自为奇士。耿楚倥（名定理，字子庸，黄安人）初出其门；后知其伪，去之。事邓豁渠、何心隐，皆有得。不烦言说，当机指点，机锋迅利。其兄天台（名定向，字在伦）则排斥狂禅，力主实地。然其弟子管东溟（名志道，字登之，娄江人）著书数十万言，仍多鸠合儒释。盖其末流之势，业已不可遏止也。

王学流传，梨洲《明儒学案》，分为七派（浙中，江右，南中，楚中，北方，粤闽，泰州），其崭然见头角者，实惟浙中、江右、泰州。江右最纯谨。浙中之龙溪，泰州之心斋，天分皆极高。然其后流弊皆甚。论者谓阳明之学，得龙溪、心斋而风行天下，亦以龙溪、心斋故，决裂不可收拾焉。盖浙中之弊：纯在应迹上安排、凑泊，则失之浅俗。玩弄本体，以为别有一物，可以把持，则堕入魔障。而纯任流行，尤易致解缆放船，绝无收束。更益以泰州之猖狂机变，遂无所不至矣。清张武承（名烈，大兴人）撰《王学质疑》，攻王学流弊曰："高者脱略职业，歇睡名庵。卑者日沉迷于酒色名利。案有《楞严》《南华》者为名士。挟妓呼卢、裸而夜饮者为高致，抗官犯上、群噪而不逊者为气节，矫诈嗜杀、侥倖苟利者为真经济，谨纲常、重廉隅者为宋头巾。举天下庠序之士，如沸如狂；入则诟于家，出则哗于朝。闯、献之形，日积于学士大夫之心术，而天下不可为。"流弊如此，宜其为一世所疾恶也。然如张氏所述之情形，何代无之？则亦不必尽归咎于王学耳。

有明诸儒

明代理学，当以阳明为中心。前乎阳明者，如白沙，则阳明之先河；与阳明并时者，如甘泉，则与阳明相出入；后乎阳明者，如蕺山，如见罗，则与阳明小异其趣者也。故阳明之学，是非然否且弗论，其为明代理学之中心，则好之者、恶之者，皆不能有异辞也。

白沙之学，主静中养出端倪。其初求之简册，累年无所得。一朝以静坐得之。然后见此心之体，广大高明，不离日用。一真万事，本自圆成。不假人力，无内外、大小、精粗，一以贯之，其言曰："人争一个觉。才觉，便我大而物小，物有尽而我无尽。"又曰："终日乾乾，只是收拾此理而已。此理干涉至大；无内外，无终始；无一处不到，无一息不运。会此，则天地我立，万化我出，而宇宙在我矣。得此把柄入手，更有何事？往古来今，四方上下，一齐穿纽，一齐收拾。随时随处，无不是这个充塞。色色任他本来，何用脚劳手攘？"

白沙之学，吃紧工夫，全在涵养。以虚为本，以静为门户，以勿忘勿助之间，为体认之则。或訾其近禅。或谓有明之学，至白沙而后精，至阳明而后大云。或问龙溪："白沙与阳明同异？"龙溪曰："白沙缘世人精神撒泼，向外驰求，欲返其性情而无从入，只得假静中一段行持，窥见本来面目，以为安身立命根基，所谓权法也。若致知宗旨，不论语默动静，从人情事变，彻底练习，以归于元。譬之真金为铜铅所杂，不遇烈火烹熬，则不可得而精。师门有三种教法：从知解而得者，谓之解悟，未离言诠；从静中而得者，谓之证悟，犹有待于境；从人事练习而得者，忘言忘境，触处逢源，愈摇动，愈凝寂，始为彻悟。"龙溪教人，向偏于事上磨炼。此说亦不离此旨。然白沙与姚江之大小，则于此可见矣。

与阳明同时并称者，厥惟甘泉（湛若水，字元照，号甘泉，广东增城人）。甘泉为白沙弟子。阳明尝溺于二氏，与甘泉交，乃一意圣学。阳明主致良知，而甘泉标"随处体认天理"为宗旨。两家各立门户。湛氏门人，不如王氏之盛。然当时学于湛者，或卒业于王；学于王者，或卒业于湛。其后名湛氏之学者亦多，湛氏亦有明一大师也。

甘泉之说，有与阳明极相似者。其说天理曰："天理二字，人人固有，非由外铄。不为尧存，不为桀亡。故人皆可以为尧舜，初学与圣人同此心，同此一个天理。虽欲强无之不得。见孺子入井，见饿殍，过宗庙，到墟墓，见君子，不知不觉，萌动出来，遏他又遏不得。有时志不立，习心蔽障，忽不见了，盖心不存故也。心若存时，自然见前。"此犹阳明之言良知也。又曰："心存得中正时，便见天理。"又曰："心中无事，天理自见。"亦以天理为在心。又曰："后世儒者，认行字别了。皆以施为班布者为行。殊不知行在一念之间耳。自一念之存，以至于事为之施布，皆行也。且事为施布，岂非一念为之乎？所谓存心，即行也。”此亦阳明知行合一之说也。所异者，阳明以为心即理，甘泉则虽谓理在吾心，终不免体认于外以足之耳。

甘泉之说曰：“格，至也。物，天理也，即道。格即造诣之义。格物，即造道也。知行并进，学、问、思、辨、行，所以造道也。故读书，亲师友，酬应，随时随处，皆求体认天理而涵养之，无非造道之功。”此纯似程子“穷理亦多端”之说。然甘泉又不甘居于务外，乃曰：“以随处体认为求之于外者，非也。心与事应，然后天理见焉。天理非在外也。特因事之来，随感而应耳。”又曰：“尧舜允执厥中，非独以事言，乃心事合一。允执之者，吻合于心，与心为一，非执之于外也。若能于事物上察见天理，平时涵养，由中正出，却由仁义行之学。平时无存养工夫，事到面前，才寻讨道理，即是行仁义，即是义外，即是义袭而取之者也。”既曰天理为人人所固有，初学与圣人无异，又必待事物上察见，未免自相矛盾。若曰心与事应而后天理见，则心岂有不感时邪？甘泉盖恐人堕入见成良知一路，故欲加之以学、问、思、辨、行之功。（或问：“先生尝言是非之心，人皆有之，此便是良知，亦便是天理。依着自己是非之心，存养扩充将去，便是致良知；亦便是随处体认天理也。然而外人多言先生不欲学者言良知，岂虑其体察未到，将误认于理欲之间，遂以为真知也邪？”曰：“如此看得好。良知二字，自孟子发之，岂不欲学者言之？但学者往往徒以为言。皆说心知是非皆良知，知得是便行到底，知得非便去到底，如是是致。恐师心自用。还须学、问、思、辨、行，乃为善致。”）而不知言精察于吾心之理，以为规矩准绳，而施之于事为，与体认于事物之上，以求吾心天理之著见，然后持之以为应事之具，其简直迂曲，则大有别矣。若谓离事物无从精吾心之理，则又有说。甘泉之言曰：“阳明与吾，看心不同。吾所谓心，体万物而不遗者也，故无内外。阳明所谓心，指腔子里而为言者也，故以吾之说为外。”（阳明谓“随处体认天理，是求之于外”。）梨洲评之曰：“天地万物之理，不外于腔子里，故见心之广大。若以天地万物之理，即吾心之理，求之天地万物，以为广大，则先生仍为成说所拘也。天理无处而心其处。心无处而寂然未发者其处。体认者，亦惟体认之于寂而已。今日随处体认，毋乃体认于感？其言终有病也。”

或问聂双江：“随处体认天理何如？”曰：“此甘泉揭以教人之学，甘泉得之罗豫章。豫章曰：为学不在多言。但默坐澄心，体认天理。若见天理，则人欲自退听。由此持守，庶几有功。”案双江之说，殊能得其来历。甘泉之说，实与豫章之说，息息相通。但豫章之说，少偏于静。甘泉不以为然。乃改“默坐澄心”为“随处体认”，欲合“静而存养，动而省察”为一耳。然欲合此二语为一，随处体认天理，实远不如致良知之简捷而深入也。（阳明与毛古庵书：“致良知之说，与体认天理之说，本亦无大相远。但微有直截、迂曲之差耳。譬之种植：致良知者，培其根本之生意，而达之枝叶者也；体认天理者，茂其枝叶之生意，而求复之根本者也。”）

随处体认天理之说，虽曰理在吾心，实仍即物求理之变相。其失易堕于支离。故其后学，咸欲以直截救之。湛门如吕巾石（名怀，字汝德，广信永丰人），则以为天理良知，本同宗旨。如洪觉山（名垣，字峻之，徽州婺源人），则谓体认天理，是不离根之体认，工夫全在几上用。如唐一庵（名枢，字惟中，归安人），则标“讨真心”三字为的，谓随处体认，或失于反身寻讨；致良知，或失于误认灵明。如许敬庵（名孚远，字孟仲，德清人。学于唐一庵），则谓学以克己为要，谓人有血气心知，便有种种交害，虽未至目前，而病根常在；必在根上看到方寸地不挂一尘，方是格物。皆鞭辟入里，浸浸近于王学矣。其初学于许敬庵，后倾向王学，而又能救正王学之失者，厥惟刘蕺山。

蕺山标慎独为宗旨。其说曰：“知善知恶之知，即好善恶恶之意，亦即无善无恶之体。意者，心之所存（心之主宰），非所以发也；心之体，非心之用也（流行为用），与起念之好恶不同（念有起灭，意则常存常发）。人心无思无不思，无思虑未起时。必物感相乘，思为物化，乃憧憧往来耳。阳明以诚意为主意，致良知为工夫。谓诚意无工夫，工夫皆在致知。殊不知好善恶恶，即知善知恶；非知善后好，知恶后恶，故更无知善知恶之可言。然则知即意也。好必善，恶必恶，故心善。意者，心之所存。好善恶恶之心，即好善恶恶之意，故意有善而无恶。（恶恶即恶不善，恶不善即好善。）此所谓独知也。良知不虑而知，诚者不思而得，故诚即知。致也者，诚之者也。离却意根一步，即无致知可言。故诚意慎独非二事。宋儒不从慎独认取，故不得不提敬于格物之前。阳明云：有善有恶者意之动。是以念为意。善恶杂糅，何处得觅归宿？专提致良知三字，遂致以流行心体承当。今知诚意即慎独，离意根一步，即妄而不诚，则愈收敛，是愈推致；而动而省察可废。何也？存养不专属静，省察正存养之得力处也。”案蕺山之说，盖宗江右，而尤于塘南为近。

初为阳明之学，而后变焉者，又有李见罗（名材，字孟城，丰城人。学于邹东廓）。见罗提“止修”二字，以止为主意，修为工夫。谓“人生而静以上是至善。发为恻隐、羞恶、辞让、是非四端，有善便有不善。知是流动之物，都已向发边去。以此为致，远于人生而静以上之体”。故主“摄知归止”。“刻刻能止，则视听言动，各当其则，不言修而修在其中。稍有出入，不过点检提撕修之工夫，使当归于止而已。”见罗辟阳明之说曰：“释氏以知觉运动为性。吾儒本天，故于性上只道得一个善字。就于发用之际，见其善之条理。恻隐名仁，羞恶名义，辞让名礼，是非名智。未尝云有善无不善也。后儒曰：无善无恶者心之体。以其就知上看体，知固有良有不良故也。玉本无瑕，只合道个白，不可云有白无黑。水本无污，只合道个清，不可云有清无浊。无善无恶既均，作善作恶亦等。何也？总之非吾性所有也。见性一差，弊至于此。则知知觉运动，不可言性；儒者之学，断须本天。程朱之论，固自有其独到之处也。”案见罗此辩，殊失阳明本意，参观前两篇自明。见罗又谓“致知二字，并列于八目之中。知本知止，特揭于八目之外。略知本而揭致知，五尺之童，知其不可。自古之欲明明德，至一是皆以修身为本，详数事物，而归本于修身。本在此，止在此。知本者，知修身为本而本之。知止者，知修身为本而止之。知修身为本而止之，即止于至善也。”合“此谓知本”之本，与“一是皆以修身为本之本”为一，亦未必其遂安耳。

东林之学，与阳明有异同者，为顾径阳（名宪成，字叔时，无锡人）及高景逸（名攀龙，字存之，无锡人）。泾阳提出性字，谓“性是心之根底。舍性言心，必堕情识”。“善即心之本色，说恁著不著？明目之本色，聪耳之本色，说得个不著否？何云无善乃不著于善耶？”景逸主格物，谓“不穷其理，物是外物。穷其理，物即吾心”。“学者无穷工夫，心之一字，是大总括。心有无穷工夫，敬之一字，是大总括。心无一事为敬。主一之谓敬。无适之谓敬。人心如何能无适？须先穷理，识其本体。”“圣人只从矩，不从心所欲。徒知昭昭灵灵者为心，而外天下之物，是为无矩之心。以应天下之物，师心自用而已。”“阳明曰：致知在格物者，致吾心之良知于事事物物。致吾心之良知于事事物物，则事事物物，各得其理。是格物在致知。又曰：格，正也。格去心之不正，以归于正。是格物在正心诚意。”“吾人日用，何尝离格物。开眼便是，开口便是，动念便是。善格物者，时时知本。善知本者，时时格物。格透一分，则本地透一分，知地透一分。谈良知者，致知不在格物，故虚灵之用，多为情识，而非天则之自然，去知远矣。”案高、顾所辟，皆王学末流之弊。若阳明本说，则实不如是也。（景逸又曰：“阳明曰：有善有恶意之动。善谓善念，无善则无念。吾以善为性，彼以善为念也。”此说亦非。参看上篇钱绪山之说自明。）

总论

以上各篇，举理学中之重要家数，一一加以论列。理学之为理学，亦略可见矣。今再统其学而略论之。

理学之特色，在其精微彻底。一事之是非，必穷至无可复穷之处，而始可谓定。否则画一境以自足，而曰：吾之所论者，姑止于是而已。则安知所研究者出此以外，而其是非不翻然大变乎？理学家则不然。或问伊川：“人有言：尽人道谓之仁，尽天道谓之圣。此语何如？”曰：“安有知人道而不知天道者？道一也，岂人道自是一道，天道自是一道？扬子曰：通天地人曰儒，通天地而不通人曰技。此亦不知道之言。岂有通天地而不通于人者哉？天地人只一道也。才通其一，则余皆通。如后人解《易》，言乾天道也，坤地道也，便是乱道。语其体，则天尊地卑；论其道，岂有异哉？”横渠答范巽之云：“所访物怪神奸，此非难语，顾语未必信耳。孟子所论，知性知天。学至于知天，则物所从出，当源源自见。知所从出，则物之当有当无，莫不心喻；亦不待语而后知。诸公所论，但守之不失，不为异端所劫，则进进不已，物怪不须辨，异端不必攻，不逾期年，吾道胜矣。若欲委之无穷，付之不可知，则学为疑挠，知为物昏，交来无间，卒无以自存，而溺于怪妄必矣。”宋儒所谓理者，果能贯天地人幽明常变而无间否，自难断言。然其所求，则固如此。其说自成一系统；其精粹处，确有不可磨灭者，则固不容诬也。

以其所求之彻底，故其所为，必衷诸究极之是非；而寻常人就事论事之言，悉在所不取。或问伊川：“前世隐者，或守一节，或惇一行，不知有知道者否？”曰：“若知道，则不肯守一节一行也。此等人鲜明理，多取古人一节事专行之。古人有杀一不义，虽得天下不为；则我亦杀一不义，虽得天下不为。古人有高尚隐逸，不肯就仕；则我亦高尚隐逸不仕。如此，则仿效前人所为耳，于道鲜有得也。是以东汉尚名节，有虽杀身不悔者，只是不知道也。”阳明亦曰：“圣贤非无功业气节，但其循着天理，则便是道，不可以事功气节名矣。”盖天下有真知其故而为之者；亦有并不真知，但慕悦他人之所为，而从而效之者。不真知而为之，必有毫厘千里之差；浸至冬葛夏裘之谬。此宋儒之所以重明理也。理学家之所谓理，果至当不易与否，自难断言；然其心，则固求明乎究极之理，而后据之以行事也。

以此推之政治，则不肯做一苟且之事。宋儒有一习道之语，曰“治非私智之所出”。所恶于私智者，以其欲强自然之事实，以从我之欲。不合乎天然之理，不足致治，而转益纠纷也。伊川曰：“孔明有王佐之才，道则未尽。王者如天地之无私心焉，行一不义，而得天下不为。孔明必求有成，而取刘璋，圣人宁无成耳。”一时一事之成功，就一时一事言之固有利，统全局言之实有害，故有所不为也。吕与叔《明道哀辞》，谓其“宁学圣人而未至，不欲以一善成名。宁以一物不被泽为己病，不欲以一时之利为己功”。真理学家，都有此意。

其行诸己者，尤为卓绝。横渠曰:“学必如圣人而后已。知人而不知天，求为贤而不求为圣，此秦汉以来学者之大蔽。”伊川曰:“且莫说将第一等让与别人，且做第二等。才如此说，便是自弃。虽与不能居仁由义者，差等不同，其自小则一也。言学便以道为志，言人便以圣人为志。自谓不能者，自贼者也。谓其君不能者，贼其君者也。”所以必希圣，必以第一等人自期者，以天下惟有一真是，舍此皆不免毫厘千里之差也。

如此彻底之道，并不恃天赋之资。其功皆在于学。伊川曰:“别事都强得，惟识量不可强。今人有斗筲之量，有釜斛之量，有钟鼎之量，有江河之量。江河之量亦大矣，然有涯，有涯亦有时而满。惟天地之量则无满。圣人，天地之量也。圣人之量，道也。常人之有量者，天资也。天资之量须有限。大抵六尺之躯，力量只如此，虽欲不满，不可得也。”读“六尺之躯力量只如此”九字，真足使困知勉行者，气为之一壮矣。

理学家之学，于理求其至明，于行求其无歉。然二者又非二事，明理者，所以定立身之趋向；立身者，所以完明理之功用也。抑此非徒淑身，施之当世，亦无亏慊。以天下惟有一理，治身之理，即治世之理也。理学家最服膺之语曰："体用一源，显微无间。"（语出伊川《易传》序。）其斥理学以外之学，则曰："言天理而不用诸人事，是为虚无，是为异学。言人事而不本诸天理，是为粗浅，是为俗学。"二者之为失虽异，而其失惟钧。皆以不明乎独一无二之理，故其所行遂至差谬也。

理学家视修己治人，非有二道。故曰："志伊尹之所志，学颜子之所学。"虽然，物莫能两大，有所重于此，势必有所轻于彼。理学家论治，每谓己不立则无以正物，其说固然。（横渠曰："德未成而先以功业为事，是代大匠斲，希不伤手也。"明道曰："不立己后，虽向好事，犹为化物。己立后，自能了当得天下万物。"朱子曰："古人只是日夜皇皇汲汲，去理会这个身心。到得做事业时，只随自家分量以应之。"又曰："多只要求济事，而不知自身不立，事决不能成。人自心若一毫私意未尽，皆足败事。"或问："学者讲明义理之外，亦须理会时政，庶他日临事，不至墙面。"曰："学者若得义理明，从此去量度事物，自然泛应曲当。今世文人才士，开口便说国家利害，把笔便述时政得失，济得甚事？只是讲明义理，以淑人心。使世间识义理之人多，何患政治不举？"）然因此，全副精神，皆贯注于内，而于外事遂有所不暇及，亦其势也。后来颜习斋所攻击，专在于此。

凡事皆欲从源头上做起，皆欲做到极彻底，而所言遂不免于迂阔，此亦理学之一弊也。为治如行修途，眼光须看得极远，脚步须走得极稳。千里之行，始于跬步，意不可不存于千里，足不可不谨于跬步也。徒顾目前之险夷，而遂忘其所欲至，此为理学家所讥之俗学。目前虽幸免蹉跌，而所欲至之地，卒无可至之时，则其行为无谓矣。反于此者，又或眼光看得极远，而于目前之情形，有所不悉，遂不免于蹉跌，此则理学之弊。理学家言治本，则致谨于王霸之辨；言治法，则欲复封建井田。姑勿论所言之是非，然见在之世界，去封建井田亦远矣。必如何而后封建井田可复，理学家不能言也。（非不言之，然其言多迂阔，实与未尝言等。）则其欲复封建井田，亦徒存其愿而已。况夫封建井田之未必可复邪？

泥古之足以致弊，宋儒亦非不知之，然其所以自解者，则曰："必有《关雎》《麟趾》之意，而后可以行《周官》之法度。"（明道之言）然则周官法度之不能行，皆由《关雎》《麟趾》之意之不足。《关雎》《麟趾》之意苟足，《周官》之法度，遂无不可行矣。（宋儒论治，偏重德化，略于事为，弊亦由此。）然宋儒于古人之法度，实考之未精。故其所主张，自谓参酌古今，实不免墨守古法。（由其误谓古代成法，皆合于至当不易之天理也。使其真能详考，自无此弊。）论治则欲复井田封建，善俗则欲行古冠昏丧祭之礼，皆坐此弊。（宋儒于礼，实行者甚多。关学无论矣。朱子所修《仪礼经传通解》，自一家以至一国之礼悉具焉。陆象山之父，名贺，字道乡，亦酌先儒冠昏丧祭之礼，行之于家。此等事不胜枚举。〇宋儒于礼，考古之作亦甚多。《仪礼经传通解》外，如陈祥道之《礼书》，敖继公之《仪礼集说》等皆是。〇宋儒所谓礼，实不可行于世，读吕氏之《蓝田乡约》，便可见之。）古代社会，阶级较后世为严。宋儒率古礼而行之，实于后世情形有所不合，人心遂觉其不安，人人皆觉其所行为不近情。后来戴东原所攻击，专在于此。（阳明言心学，故其所言，较宋儒稍为活动。阳明之言曰："天下古今之人，其情一而已矣。先生制礼，皆因人情而为之节文，是以行之万世而皆准。其或反之吾心而有所未安者，非传记之讹缺，则必风气习俗之异宜。此虽先王未之有，亦可以义起。三王之所以不相袭礼也。若徒拘泥于古，不得于心，而冥行焉，是乃非礼之礼，行不著而习不察者矣。"其与邹守益书曰："今之为人上而欲道民以礼者，非详且备之为难，惟简切明白，使人易行之为贵耳。"其言皆较宋儒为弘通。然必谓先王之法，可行之万世而准，则仍未免蓬之心。率此行之，必致仍以先王之法为本，以吾之意见，略加参酌，自谓可行之当世，而仍未必有当于世人之情耳。）

宋儒之尊君权，与其严阶级同蔽。固由晚唐五代，裂冠毁冕，有以激之；亦其拘守古人成法太过，谓欲求治，必如古人所为；古代君权本尊，宋人持论，遂不觉其太过也。宋学开山孙明复，作《春秋尊王发微》，即大昌尊君之义。且谓《春秋》有贬无褒。其持论之酷如此。温公疑孟子，诋其贵戚易位之言。李觏作《常语辨》，以孟子为五霸之罪人，谓“五霸率诸侯事天子，孟子劝诸侯为天子。苟有人性，必知其逆顺矣”。然则孔子称“汤武革命，应天顺人”，孔子亦五霸之罪人乎？此弊理学家入之颇深。至清代曾国藩等，犹有此见。社会之所以能立，其原因自极深远。此辈则谓非有封建之世，阶级森严，下之视上，懔乎其不可犯之风气，不足维持。谓此等名分一坏，即不免于大乱。实由其于社会现象，研之未深，而徒以古为郅治之世，致有此缪见也。

宋儒自谓于二氏之学颇深，故能入其室而操其戈。后之议理学家者，则又谓周、程、张、朱等，其初皆与二氏有交涉，故其说实不免于儒其貌而释老其心。（叶水心之论即如此。水心《习学记言》云：“程氏答张氏论定性，动亦定，静亦定。无将迎，无内外。当在外时，何者在内？天地普万物而无心，圣人顺万事而无情。扩然而大公，物来而顺应。有为为应迹，明觉为自然。内外两忘。无事则定，定则明。喜怒不系于心而系于物。皆老佛语也。程张攻击老佛，然尽用其学而不自知。”又谓周、张、二程，无极、太极、动静、形气、聚散等，为以佛说与佛辩。〇晁以道谓濂溪师事鹤林寺僧寿涯，得“物先天地，无形本寂寥。能为万象主，不逐四时凋”之偈。《性学指要》谓濂溪初与东林总游。久之，无所入。总教之静坐。月余，忽有得。以诗呈曰：“书堂兀坐万机休，日煖风和草自幽。谁道两千年远事，而今只在眼睛头。”总肯，即与结青松社游。则濂溪早年，确与二氏有交涉，无怪其《太极图》之取资于彼也。至张子、朱子等之出入二氏，则更事实确凿，无待考证矣。）至于邵子之被斥以道家，陆王之见疑于佛学，则更不俟深论矣。然宋明儒者，于二氏之学，入之实不深。故其所诘难，多不中理。焦澹园谓："伯淳未究佛乘，故其掊击之言，率揣摩而不得其当。大似听讼者，两造未具，而亿决其是非；臧证未形，而县拟其罪案。"斯言得之。"改头换面"，实非理学家所能也。（宗杲教张子韶，谓"既得把柄，开道之际，当改头换面，随宜说法"，即使为阳儒阴释之论也。子韶，名九成，钱塘人。自号横浦居士，又称无垢居土。龟山弟子。朱子辟之，以为洪水猛兽。）

老、释相较，释氏之说，远较老氏为高。理学家虽以二氏并称，实则其所辟者，十九在释氏也。儒家辟佛之说，为宋儒所称者，为韩退之之《原道》。其说实极粗浅。宋初辟佛者，有石介之《中国论》，欧阳修之《本论》，亦《原道》之类耳。稍进而其说乃精。

宋儒辟佛第一要语，为程子之"吾儒本天，异端本心"。为所谓天者，即天地万物之定理。谓宇宙间一切皆有定则，为人所当遵守而不逾。释氏惟任其心之所见，则一切无定。故以知识言，则不能明理；以制行论，遂至猖狂妄行也。张子谓释氏"不能穷理，故不能尽理"，意亦同此。其实天下无不明事理，可成学问者。释氏之注重一心，乃将人类一切罪恶，加以穷究，谓其根源皆出于心耳。能所二者，不能相离。承认有我，即不啻承认有物；承认有物，亦不啻承认有我矣。理学家谓“吾儒知有理，故其言心也，从至变之中而得其不变者。释氏但见流行之体。”未免以禅宗之流失，概佛教之本来也。

又谓：“释氏有敬以直外，无义以方外。”（亦明道之言。）案佛氏有三千威仪，八万细行。更进而言之，则有六波罗蜜。凡可以饶益有情者，善巧方便，无所不为。戒律之严，尤为他教所莫比。安得谓无制行之义邪？

延平云：“吾儒异于异端者，理一而分殊也。理不患不一，所难者分殊耳。”朱子曰：“理一，体也。分殊，用也。”盖谓释氏有仁而无义也。然冤亲平等，乃以究极之义言之。至于应事，则释氏亦有种种方便，曲尽其妙。试读《华严》之五十三参可知。正不得谓有仁，而无义也。况理不患不一，所难者分殊，语亦有病。此则阳明之心学，足以正之矣。

有以善为吾心所本有，疑释氏一切空之，遂并善而欲空之者。明道谓其“直欲和这些秉彝，都消铄得尽”是也。然善者心之本体，正空无一物之谓（如鉴之明），若先有世间之所谓善者，杂乎其中（如鉴中美景），则眼中金屑矣。心学家谓心体本空，恻隐、羞恶、辞让、是非，皆自此空体流出，颇得佛意。空者，空其欲障。四端即心之本体。非本体为一物，而四端别为一物，藏于其中也。然则秉彝安可消铄尽邪？秉彝而消铄尽，则并明道所谓佛所欲见之心性而无之矣。（明道曰：“彼所谓识心见性也。若存心养性一段事，则无矣。”）何也？秉彝即心性也。

有谓二氏专从生死起念，不离乎贪生畏死之情者。案后世所谓道教，实古之神仙家。神仙家专求长生，冀享世间之快乐，宋儒辟之是也。然此实不直一辟。至于真道家及佛氏，则了无贪生畏死之念。世未有浅至贪生畏死，犹能成为学，成为教者。此亦不足辩也。宋儒之说，乃睹世俗信奉二氏者，皆不离乎贪生畏死之念，遂以此咎二氏耳。亦可见其于二氏之学，入之实不深矣。

或谓佛氏专从事于一心，久之，见其昭昭灵灵，如有一物，遂以此为心之本体，得此则天地万物虽坏，而此不坏；幻身虽亡，而此不亡。又或静久，精神光彩，其中了无一物，遂以为真空。此皆禅宗之末失。宋时佛教，诸宗皆衰，惟禅宗独盛。故宋儒辟佛，多指禅宗言之。后之理学家，不加深察，遂谓佛教仅如此耳。其实禅宗不足概佛教之全；禅宗之流失，即彼亦以为魔道也。

张子曰：“若谓虚能生气，则虚无穷，气有限，体用殊绝，入老氏有生于无自然之论。”老氏说果如此，张子辟之，诚为得当。然老子所谓“天地万物生于有，有生于无”者，即庄子“有不能以无为有”之说。谓天下万物，彼不能为此之原因，此亦不能为彼之原因，故不得不归之于无。无犹言不可知，正认识论之精义也。又有谓我之所谓无为，乃无私意造作，彼则真入于无为者。此则《道德五千言》俱在，其余道家之言亦俱在，稍一披览，即可知其所谓无为者，果系一事不为，抑系无私意造作。亦不俟辩也。

理学家之辟二氏，多属误会之谈。然其说仍有极精者。不能以其于二氏之说，有所误会，遂概斥为不足道也。今试引数事如下：

或谓明道："释氏地狱之类，皆是为下根人设，怖会为善。"曰："至诚贯天地，人尚有不化，岂有立伪教而人可化乎？"或问阳明："佛以出离生死，诱人入道；仙以长生久视，诱人入道。究其极致，亦见得圣人上一截，然非入道正路。"阳明曰："若论圣人大中至正之道，彻上彻下，只是一贯。更有甚上一截、下一截？"明道论神教不能普行之理甚精。盖凡神教，虽亦见得究极之理，终不免有许多诱人之说。究极之理真，诱人之说则伪。一时虽借此诱人，久之，其遭人掊击者，即在于此。此亦可见说非真理，终不能立也。阳明之说，尤觉简易直截，独标真谛。

阳明曰："仙释说道虚，圣人岂能虚上加得一毫实？佛氏说道无，圣人岂能无上加得一毫有？但仙家说虚，从善生上来；佛氏说无，从出离生死苦海上来。却于本体加这一些子意思，便不是虚无的本色，便于本体有障碍。圣人只是还他良知的本色，更不着些子意思。良知之虚，便是天之太虚，良知之无，便是太虚无形。日月，风雷，山川，民物，凡有貌象形色，皆在太虚无形中，发用流行，未尝作得天的障碍。圣人只是顺其良知之发用。天地万物，俱在我良知发用流行中，又何尝有一物超于良知之外，能作障碍？"案神仙家不足论。阳明谓佛氏亦有所著，亦非真知佛说之谈。然所说之理则甚精。真空妙有，原系一事。必知此义，乃不致以空为障也。

梨洲曰："佛氏从生死起念，只是一个自为。其发愿度众生，亦即一个为人。何曾离得杨墨科臼？岂惟佛氏？自科举之学兴，儒门哪一件不是自为为人？自古至今，只有杨墨之害，更无他害。"案谓佛氏从生死起念，前已辨之。其发愿度人，则正所谓秉彝之不容已。儒家力争性为善而非空，正是此意；不得转以此病释氏也。然梨洲辟佛虽非是，而其将一切恶，悉归到为人为己上，见得至善惟有一点，更移动分寸不得，则其说甚精。

凡教总不能无迷信之谈，此乃借以牖世，本非教中精义。得其义，弃作筌蹄可矣。佛说来自天竺，彼土之人，好骛遐想，说尤恢诡。此亦非佛说精义所在也。而此土之人，或竟信以为真，则堕入迷信矣。温公不信佛，曰："其微言不能出吾书，其诞者吾不信也。"佛说之诞，乃其兴于天竺使然，不足为佛病；然论佛说而能及此，却可扫除许多障碍也。

朱子《释氏论》曰："佛之所生，去中国绝远。其书来者，文字音读，皆累数译而后通。而其所谓禅者，则又出于口耳之传，而无文字之可据。以故人人得窜其说以附益之，而不复有所考验。今其所以或可见者，独赖其割裂装缀之迹，犹有隐然于文字之间，而不可掩者耳。盖凡佛之书，其始来者，如《四十二章》《遗教》《法华》《金刚》《光明》之类。其所言者，不过清虚缘业之论，神通变见之术而已。及其中间为其学者，如惠远、僧肇之流，乃稍窃《列》《庄》之言，以相之；然尚未敢以为出于佛之口也。及其久而耻于假借，则遂显然窃取其意，而文以浮屠之言。如《楞严》所谓自闻，即《庄子》之意；而《圆觉》所谓四大各离，今者妄身当在何处，即《列子》所谓精神入其门，骨骸及其根，我尚何存者也。凡若此类，不胜枚举。然其说皆萃于书首，其玄妙无以继之，然后佛之本真乃见。如结坛、诵咒、二十五轮之类，以至于大力金刚、吉盘荼鬼之属，则其粗鄙俗恶之状，较之首章重玄极妙之旨，盖水火之不相入矣。至于禅者之言，则其始也，盖亦出于晋宋清谈论议之余习，而稍务反求静养以默证之。或能颇出神怪，以玄流俗而已。如一叶五花之谶，只履西归之说，虽未必实有其事，然亦可见当时所尚者，止于如此也。其后传之既久，聪明才智之士，或颇出于其间，而自觉其陋。于是更出己意，益求前人之所不及者，以阴佐之，而尽讳其怪幻鄙俚之谈。于是其说一旦超然，真若出乎道德性命之上；而惑之者，遂以为果非尧、舜、周、孔之所能及矣。然其虚夸诡诞之情，淫巧儇浮之态，展转相高，日以益盛，则又反不若其初时清闲静默之说，犹为彼善于此也。”（《语类》：“宋景文《唐书赞》，说佛多是华人之谲诞者，攘庄周、列御寇之说佐其高，此说甚好。如欧阳公只说个礼法，程子又只说自家义理，皆不见他正赃。佛家先偷《列子》。《列子》说耳目口鼻心体处有六件，佛家便有六根。又三之为十八戒。初间只有《四十二章经》，无恁地多。到东晋，便有谈议，如今之讲师，做一篇议总说之。到后来，谈议厌了，达磨便入来，只静坐。于中稍有受用处，人又都向此。今则文字极多，大概皆是后来中国人以《列》《庄》说自文，夹插其间，都没理会了。”）案佛说有大小乘，其来有早晚。其经有真伪，译有善否，又有意译、直译之殊：直译者或能传其说之真，意译者则不免搀以此方之语。若以为学术而研究之，其中应考校处甚多。朱子所论，虽未尽当。（如不知《列子》系伪书，窃佛说；反以为佛窃《列子》之类。）然能见及此中罅隙，要不可谓非善读书者。自汉学之兴，群诋宋儒为空疏武断。其实宋儒如朱子，即读书极博之人。此外博洽者尚多。其勇于怀疑，善于得闲，尤非汉唐及清儒所及。清代考证之学，实亦自宋儒开其源（如朱子疑《古文尚书》、吴棫发明古韵等，皆是），特未竟其业耳。此说甚长，当别专论，乃能尽之。此篇不能详也。

理学自创始迄今几千年，信从者固多，攻击者亦不少。综所攻击，不外两端：一病其空虚无用，一以为不近人情而已。前说可以清之颜习斋为代表，后说可以戴东原为代表。然二家所攻，实皆理学末流之弊。至于理学之真，则自有其卓然不可没者。予旧有《订戴》一篇，今附录于后，以见戴氏之说之所由来，及其当否。今更略评颜氏之说如下。

颜氏之攻理学，一言蔽之曰：不切实用而已。故其释

“致知在格物”，必以《周官》之乡三物为物，而曰：“知无体，以物为体。”其说穷理，则谓理在事中，必就事分析极精，乃为穷理（此说与戴氏同）。习斋之言曰：“以读经史，订群书为穷理处事以求道之功，则相隔千里；以读经史，订群书为即穷理处事，而曰：道在是焉，则相隔万里矣。譬之学琴，书犹琴谱也。烂熟琴谱，讲解分明，可谓学琴乎？故曰：以讲读为求道，相隔千里也。更有妄人，指琴谱曰：是即琴也。辨音律，协风韵，理性情，通神明，比物此志也。谱果琴乎？故曰：以书为道，相隔万里也。歌得其调，抚娴其指，弦求中音，徽求中节，是之谓学琴矣，未为习琴也。手随心，音随手；清浊疾徐有常功，鼓有常规，奏有常乐，是之谓习琴矣，未为能琴也。弦器可手制也，音律可耳审也，诗歌惟其所欲也；心与手忘，手与弦忘，于是乎命之曰能琴。”（《存学编性理书评》）颜氏之言如此，此其所以以“习”自号也。颜氏之訾宋儒曰：“宋儒如得一路程本，观一处，又观一处，自以为通天下路程，人亦以晓路程称之，其实一步未行，一处未到。”（见《年谱》）颜氏谓宋儒之病在习静，在多读书，故提倡习动。谓：“诵说中度一日，则习行上少一日；纸墨上多一分，则身世上少一分。”又谓：“读书愈多愈惑，审事机愈无识，办事愈无力。”又谓：“书生必自知，其愚益深。”案理学末流之弊，诚有如习斋所云者。然流弊何学蔑有？要不得以此并没有学之真。偏于静，偏于读书，诚理学必至之弊。然始创理学者，及理学大家，初未谓当如此。读前此诸篇可见也。大抵思想当大变动之时，其人必好骛心于玄远。以其视前此之是非然否，悉不足凭，而当别求标准也。宋代正是其时。今日时势危急，群趋实际，救焚拯溺之不暇，而讲哲学之风反大盛，亦以此故。偏于读书之弊，不独宋学为然。率天下之人，而至于疏于处事，亦诚在所不免。然此亦分工之道，不得不然。今之科学家，固有终身在试验室中，而未尝一用其所学，以作实事者矣；亦得诋为但读琴谱，但观路程本邪？

附 订戴

戴东原作《原善》《孟子字义疏证》，以攻宋儒。近人亟称之，谓其足救宋儒之失，而创一新哲学也。予谓戴氏之说，足正宋学末流之弊耳；至其攻宋学之言则多误。宋学末流之弊，亦有创始之人，有以召之者，戴氏又不足以知之也。宋学之弊，在于拘守古人之制度。制度不虚存，必有其所依之时与地。而各时各地，人心不同。行诸此时此地，而犂然有当于人心者，未必其行诸彼时彼地，而仍有当于人心也。欲求其有当于人心，则其制不可不改。是以五帝不袭礼，三王不沿乐。此犹夏葛而冬裘，其所行异，其所以求其当同也。宋之世，去古亦远矣，民情风俗，既大异于古矣，古代之制，安能行之而当于人心乎？宋儒不察，执古之制，以为天经地义，以为无论何时何地，此制皆当于理。略加改变，实与未改者等，而欲以施之当时。夫古之社会，其不平等固甚。宋时社会之等级，既不若古之严矣。在下者之尊其上，而自视以为不足与之并，并不若古之甚矣。宋儒执古之制而行之，遂使等级之焰复炽，与人心格不相入。戴氏之言曰："今之治人者，视古圣贤体民之情，遂民之欲，多出于鄙细隐曲，不屑措诸意。而及其责以理也，不难举旷世之高节，著于义而罪之。尊者以理责卑，长者以理责幼，贵者以理责贱，虽失谓之顺；卑者，幼者，贱者，以理争之，虽得谓之逆。于是下之人，不能以天下之同情，天下所同欲，达之于上。上以理责其下，而在下之罪，人人不胜指数。人死于法，犹有怜之者。死于理，其谁怜之？”夫使尊者、长者、贵者，威权益增；而卑者、幼者、贱者，无以自处，是诚宋学之弊，势有所必至。由其尊古制、重等级，有以使之然也。（东原又谓：“今处断一事，责诘一人，莫不曰理者。于是负其气，挟其势位，加以口给者理伸；力弱，气慑，口不能辞者理屈。”此则由人类本有强弱之殊，理特其所借口耳。不能以此为提倡理者之罪也。）至于以理责天下之人，则非创宋学者之所为，而为宋学末流之失。戴氏又谓“理欲之说行，则谗说诬辞，得刻议君子而罪之，使君子无完行”。夫以宋儒克己之严，毫厘不容有歉，因推此绳君子而失之严，事诚有之。至于小人，则宋儒曷尝谓其欲可不遂，而不为之谋养生送死之道哉？横渠见饿殍，辄咨嗟，对案不食者经日。尝以为欲致太平，必正经界。欲与学者买田一方试之，未果而卒。程子提倡社会，朱子推行社会。凡宋儒，讲求农田、水利、赋役之法，勒有成书，欲行之当世者，盖数十百家。其志未尝行，其书亦不尽传，然其事不可诬也。乡曲陋儒，抱《性理大全》，侈然自谓已足；不复知世间有相生相养之道；徒欲以旷世之高节，责之人民，此乃宋学末流之失，安可以咎宋学乎？宋儒所谓理者，即天然至善之名，戴氏所谓必然之则也。戴氏称人之所能为者为“自然”，出于血气；其所当止者为“必然”，出于心知。与宋儒称人之所能为而不必当者为气质，为欲；所当善者为义理，为性，有以异乎？无以异乎？夫特异其名而已。戴氏则曰：“吾所谓欲者，出于血气；所谓理义者，出于心知。血气、心知，皆天之所以与我，是一本也。宋儒谓理出于天，附着凑泊于形体。形体者气质，适足为性之累。是二之也。”夫宋儒曷尝谓气质非出于天哉？谓“义理气质，同出于天，则气质不应为义理之累。宋儒谓气质为义理之累，是二之也。”然则戴氏所谓血气者，任其自然，遂不足为心知之累欤？谓任血气之自然，不足为心知之累，则戴氏所谓“耳目鼻口之欲，必以限制之命节之”之说，为不可通矣。谓性必限之以命；而声色臭味当然之则，必以心为之君；则宋儒之说，戴氏实未有以易之也。若曰：“民之秉彝，好是懿德。心知之自然能好懿德，犹耳目鼻口之自然能好声色臭味。以是见义理之具于吾心，与宋儒谓义理之性原于理，而理出于天者不同。”则宋儒固亦未尝不谓理具于吾心也，特本之于天耳。即戴氏谓义理之性天然具于吾之心知，而推厥由来，亦不能谓其不本之于天也。戴氏谓“饮食能为身之养者，以其所资以养之气，与所受之气同。问学之于德性亦然”是也。安得谓宋儒“更增一本”乎？

戴氏曰：“宋儒所谓理，即老氏所谓真宰，释氏所谓真空也。老释自私其身，欲使其身离形体而长存。乃就一身分为二，而以神识为本。推而上之，遂以神为有天地之本。以无形无迹者为有，而视有形有迹者为幻。宋儒以理当其无形无迹者，而以气当其形体。故曰心性之郛廓。”老氏、释氏是否自私其身？是否歧神与形而二之？今不暇及。宋儒之辟释氏也，曰：“释氏本心，吾儒本天。”其所谓理，与老释之所谓神识非同物，则彰彰明矣。宋儒盖病老释以万物为虚，独吾心所知见者为实，则一切皆无定理，猖狂妄行，无所不可，故欲以理正之。宋儒所谓理者，乃事物天然之则，即戴氏所谓“有物必有则”；而其所谓义理之性，则吾心之明，能得此天然之则者，即戴氏所谓“能知不易之则之神明”也。安得视为虚而无薄之物乎？

戴氏谓：“老释内其神而外形体。举凡血气之欲，悉起于有形体之后，而神至虚静，无欲无为。宋儒沿其说。故于民之饥寒愁怨、饮食男女、常情隐曲之感，咸视为人欲之甚轻。古之言理也，就人之情欲求之，使之无疵。今之言理也，离人之情欲求之，使之忍而不顾。故用之治人，则祸其人。夫人之生也，莫病于无以遂其生。欲遂其生，亦遂人之生，仁也。欲遂其生，至于戕人之生而不顾，不仁也。不仁实始于欲遂其生之心。无此欲，必无不仁矣。然使无此欲，则于天下之人，生道穷促，亦将漠然视之。己不必遂其生，而遂人之生，无是情也。故欲不可无，节之而已。谓欲有邪正则可，以理为正，以欲为邪，则不可也。”此为戴氏主意所在，自比于孟子不得已而言者。吾闻朱子之言曰：“饮食，天理也。要求美味，人欲也。”则朱子所谓天理，亦即欲之出于正者。与戴氏谓“欲其物，理其则”同。未尝谓凡欲皆不当于理也。人之好生，乃其天然不自已之情。自有人类以来，未有能外之者也。世固有杀身以成仁，亦有以杀止杀者。彼以为不杀其身，不杀杀之可以止杀之人，则于生道为有害。其事虽出于杀，其心仍以求夫生也。自有人类以来，未有以死为可歆，生为可厌者。戴氏以为宋学者不欲遂其生为虑，可谓杞人忧天之队矣。若谓欲遂人之生者，先不能无自遂其生之心，则又有说。世无不肯舍其身而可以救人者。盖小我之与大我，其利害时有不同。于斯时也，而无舍己救人之心；亦如恒人，徒存一欲遂其生之念，则终必至于戕人之生而不顾。此成仁之所以必出于杀身；而行菩萨行者，所以必委身以饲饿虎也。彼行菩萨行者，宁不知论各当其分之义，固不当食肉以自养，亦不委身以饲虎哉？不有纯于仁之心，固无以行止于义之事。彼行止于义者，其心固纯于仁。所以止于义者，所能行之仁，止于如此；不如此，则转将成为不仁。故不得已而止于此，而非其心之遂尽于此也。心之量，适如其分而已；及其行之，未有能尽乎其分者，而戴氏所谓戕人之生以遂其生之祸作矣。故以纯乎理恒人，宋儒未尝有此；其有之，则宋学之末失也。至于以纯乎理自绳其身，则凡学问，未有不当如此者。抑天下之人，使皆进于高节则不能。诱掖天下之人，使同进于高节，则固讲学问者，所当同具之志愿。而非天下之人，真能同进于高节，天下亦决无真太平之望也。

戴氏谓“老释以其所谓真宰真空者为已足，故主去情欲勿害之，而不必问学以扩充之。宋儒之说，夫老释之说，故亦主静。以水之清喻性。以其受污浊喻气质。宋儒所谓气质，即老释所谓情欲也。水澄之清，故主静，而易其说为主敬存理”云云。主静之说，发自周子。其说曰：“立天之道，曰阴与阳。立地之道，曰柔与刚。立人之道，曰仁与义。”又曰：“圣人定之以中正仁义而主静，立人极焉。”盖以人之所行，不越仁义。而二者名异而实同。义所以行仁，而仁则所以为义立之体。无义固无以行仁，无仁亦无所谓义。当仁而仁，正其所以为义；当义而义，亦所以全夫仁；所谓中也。止于中而不过，则所谓静也。何以能静，必有持守方焉，则程子所谓主敬也。主敬而事物至当不易之则（宋儒所谓理）存焉矣。宋儒所谓静，非寂然不动之谓也。戴氏之说，实属误会。

戴氏谓“宋儒详于论敬，而略于论学”，此亦宋学末流之生。若程朱，则“涵养须用敬，进学在致知”，两端固并重也。抑进学亦必心明而后能之，故反身自勘之学，终不能不稍重于内。戴氏曰：“圣人之言，无非使人求其至当，以见之行。求其至当，即先务于知也。凡去私不求去蔽，重行不先重知，非圣学也。”此说与程朱初无以异。又曰：“闻见不可不广，而务在能明于心。一事豁然，使无余蕴。更一事而亦如是。久之，心知之明，进于圣知，则虽未学之事，岂足以穷其知哉？”此说亦与朱子一旦豁然贯通之说同。天下事物，穷之不可胜穷，论明与蔽者，终不得不反之于心也。然与戴氏力主事物在吾心之外，谓心知之资于事物以益其明，犹血气之资于饮食以益其养者，则未免自相矛盾矣。

戴氏谓“心之能悦懿德，犹耳目鼻口之能悦声色臭味。接于我之血气，辨之而悦之者，必其尤美者也。接于我之心知，辨之而悦之者，必其至是者也”。夫口之同嗜易牙，目之皆姣子都，耳之皆期师旷，亦以大致言之耳。鸱枭嗜鼠，即且甘带，人心之异，有不翅其若是者矣。谓义理之尤美者，必能为人所悦，其然，岂其然乎？乃戴氏又曰：“理也者，情之不爽失者也。凡有所施于人，反躬而静思之，人以此施于我，能受之乎？凡有所责于人，反躬而静思之，人以此责于我，能尽之乎？以我絜之人则理明。”故曰：“去私莫如强恕。”夫人心之不同，如其面焉。固有此视为不能受，彼视为无难受；此视为不能尽，彼视为无难尽者矣。若曰：“公则一，私则万殊；人心不同如其面，只是私心。”则非待诸私欲尽去之后不可，因非凡人所能持以为是非之准也。凡人而度其所能受以施诸人，度其所能尽以责诸人，适见其一人一义，十人十义，樊然淆乱而已矣。戴氏曰：“心之所同然，始谓之理，谓之义。未至于同然者，存乎其人之意见，非理也，非义也。凡一人以为然，天下万世皆曰：是不可易也。此之谓同然。”此说安能见之于实。如戴氏之所云，亦适见其自淆义理，而终成其为意见而已矣。